T0047966

RELATO
DE UN DESPERTAR

David Smith

RELATO
DE UN DESPERTAR

Práctica y percepción en el sendero budista

BODHI

EL LIBRO MUERE CUANDO LO FOTOCOPIAN

Título original de la obra: *A Record of Awakening. Practice and Insight on the Buddhist Path*
Publicada por Aloka Publications, Reino Unido

COORDINACIÓN EDITORIAL: Matilde Schoenfeld
TRADUCCIÓN: Óscar Franco
PORTADA: Víctor M. Santos Gally

© 2007   Editorial Pax México, Librería Carlos Cesarman, S.A.
           Av. Cuauhtémoc 1430
           Col. Santa Cruz Atoyac
           México, D.F. 03310
           Teléfono: 5605 7677
           Fax: 5605 7600
           editorialpax@editorialpax.com
           www.editorialpax.com

Primera edición
ISBN 13 dígitos 978-968-860-839-5
ISBN 10 dígitos 968-860-839-4
Reservados todos los derechos
Impreso en México / *Printed in Mexico*

A mi maestro en Sri Lanka,
por su ofrecimiento de tomarme como discípulo
y animarme en la práctica para que madurara el fruto
que él sabía que estaba listo para caer.

ÍNDICE

Reconocimientos

Quisiera expresar mi gratitud a Sara Hagel (Jnanasiddhi), Vessantara y a todos los que trabajan en Windhorse Publications por ayudarme a preparar esta obra. Su esfuerzo desinteresado es prueba fehaciente de su práctica del Budadharma. También agradezco al venerable Sangharakshita por su estímulo y su ayuda y al venerable Hitesi por su alegría compasiva y sus útiles comentarios y sugerencias con respecto a la primera parte.

DAVID SMITH

PREFACIO

En el otoño de 1997, sin más ni más, recibí el borrador de un librito que utilizaba como marco referencial las diez etapas de la bodhisatveidad. El libro venía con una carta en la que su autor, David Smith, me solicitaba, si podía yo dedicarle un tiempo, que lo leyera y luego le diera mi opinión, ya que él valoraría profundamente mis comentarios. Me informaba que había sido practicante budista durante veinte años y que la "revelación del Dharma", la experiencia y la percepción que intentaba expresar en su librito habían ocurrido durante el breve período en que vivió como monje en Sri Lanka, después de un entrenamiento formativo dentro de la tradición zen en Londres, donde ahora residía.

Era común que algunas personas me enviaran sus manuscritos para que los leyera y les hiciera algún comentario. A veces eran tan abultados que tenía que dejarlos a un lado durante varias semanas e, incluso, meses. El material de este desconocido remitente, "Práctica y percepción en el sendero del bodhisatva", consistía tan sólo de catorce mil palabras y, como además su carta había despertado mi curiosidad, lo leí casi de inmediato y en una sola sentada.

Era un documento notable. Lo primero que me impresionó fue que se trataba de una narración de la propia experiencia vivida por el autor, como él la denominaba. En la actualidad, uno puede encontrar cientos de libros sobre bu-

dismo escritos en los principales idiomas de Occidente. La
mayoría son de una naturaleza puramente académica, o
bien, refundiciones de obras ya existentes. Sólo unos cuantos se basan en experiencias personales y, por lo general, la
experiencia es más bien parcial y los alcances de que hacen
alarde son inmoderados. En cambio, el texto de David
Smith era el fruto de más de veinte años de práctica budista, una práctica que, evidentemente, había sido profunda y
exhaustiva y aun cuando las experiencias y percepciones que
tuvo durante su estancia en Sri Lanka sin duda resultaban
extraordinarias, las contaba con un estilo sobrio y aterrizado.

Conforme fui avanzando por el borrador de su libro, ese
día de otoño de 1997, me venía el recuerdo irresistible de la
Escritura del estrado, una lectura que había sido de enorme
importancia en mi propio "despertar" (para usar las palabras
de David Smith) unos cincuenta años antes. Al igual que
Hui Neng, David Smith no era un erudito. Como él mismo
decía, era tan sólo "un tipo común, de clase obrera, con una
inteligencia promedio y una preparación escolar de lo más
normal" y, además, cargaba "con tanto 'bagaje' como la mayoría de los occidentales". Como Hui Neng, era consistente e inquebrantable en su compromiso con el Dharma y, del
mismo modo que Hui Neng, estaba muy poco familiarizado con las escrituras budistas.

De hecho, el único texto que mencionaba en su borrador era el Sutra *Lankavatara* e, incluso, hacía la referencia de
un modo indirecto, al expresar su "eterna gratitud" a los importantes y decisivos *Estudios* que D. T. Suzuki hizo sobre
dicha obra. Sin embargo, su esquema de los diez *bhumis* o
etapas del sendero del bodhisatva parecía extraído del sutra

Dasabhumika, aunque su experiencia al avanzar por los bhumis hasta llegar al séptimo de ellos, en el cual se encontraba trabajando aún, no correspondía con la descripción que hacía el sutra. Lo cierto es que desde el inicio de su libro declaraba contundentemente que lo poco que había visto en las escrituras acerca del sendero del bodhisatva y de las diez etapas ni le había servido ni era tan exacto. El noventa por ciento de eso no había concordado con su experiencia. Noté que no señalaba que su experiencia no había coincidido con lo que encontró en las escrituras.

Aun así, me impresionó la ortodoxia esencial de su postura, no obstante que algunas de sus expresiones podrían no haber estado en armonía con lo que literalmente decía la tradición budista. También, me llamó mucho la atención su insistencia en que, después de lo que él llamaba despertar, seguía existiendo la mente cotidiana, obcecada y que, desde el primer bhumi hasta el último, se establecía una gran lucha o "guerra santa" entre ambas mentes, ya que la primera buscaba transformar a la segunda y liberarse de ella. Era evidente que esto correspondía a la muy conocida división que hay entre el sendero de la visión y el sendero de la transformación, aunque la descripción de David Smith acerca de la relación entre estos dos era más dramática que la mía y, además, él no visualizaba el despertar en términos de entrada a la corriente sino, al parecer, como el surgimiento del (auténtico) bodhichita. A la vez, "el despertar no era ni 'zen' ni 'theravada' sino una fusión de los dos, con un sabor extra". Según parece, en su propia experiencia de vida no sólo había tenido éxito al sintetizar las dos tradiciones separadas, sino que además las había trascendido, al menos en lo que se refiere a su separación. Asimismo, le preocupaba enfatizar que una firme concentración era esencial como prerrequisito para llegar a la percepción, que ésta podría desarrollarse en conexión con los sueños, que las reverencias eran una práctica espiritual fundamental y que no deberíamos creer que sólo los monjes podían alcanzar la percepción, se podía practicar el Dharma perfectamente bien en la vida laica.

Para cuando terminé de leer "Práctica y percepción en el sendero del bodhisatva" sentía que había encontrado un tesoro. Era como si a través del libro hubiera estado en contacto con un compañero de viaje por el Dharma, casi como un alma gemela y estaba ansioso por conocerlo en persona. Al final de su carta decía que esperaba tener una respuesta mía y que si consideraba pertinente concertar una cita él estaría muy agradecido por ello. Sucedió que yo ya había hecho preparativos para pasar una temporada en Londres el mes siguiente, así que escribí a mi desconocido corresponsal. Como resultado, vino una tarde a verme a mi departamento en el Centro Budista de Londres.

En su texto, David Smith se describía a sí mismo como "tan sólo un hombre común, de clase obrera" y, en efecto, eso era lo que parecía el hombre robusto y entusiasta, de unos cincuenta y tantos años, que estaba sentado ante mí en el estudio. Si uno se cruzara con él en la calle, lo más probable es que no volteara a mirarlo una segunda vez. Por lo tanto, lo más notable era el contraste entre lo ordinario de su apariencia externa y lo extraordinario, como yo sabía que era, de su experiencia interna. Me contó que vivía solo en su departamento en la zona este de Londres, que trabajaba como jardinero y que seguía con su práctica con la misma determinación interior de siempre. En mi carta, le decía que ciertamente podría considerarse la publicación de su libro, pero que el texto necesitaría más que la "pequeña pulida" que él pensaba. Lo que yo sugería, añadí, no era rescribirlo sino, más bien, colocar el texto dentro de un marco explicativo. Dicho marco, como procedí a aclarar, debería incluir detalles de su vida y su pasado y una relación de cómo fue que entró en contacto con el Dharma. David aceptó mi sugerencia con buena disposición. También, acogió mi ofrecimiento de encomendar su texto a Windhorse Publications (pues era poco probable que una editorial no especializada se interesara en él), junto con una firme recomendación para que lo publicaran. Tuve cuidado en dejarle claro que la decisión de publicarlo recaía por completo en la editorial. Yo sólo podía recomendarlo.

Pasaron los meses. Igual que los molinos de Dios, las ruedas de una editorial giran lentamente y no fue sino hasta principios de este año que, por fin, Windhorse decidió publicar el libro de David. Asimismo, decidieron que esa pequeña obra, en verdad, requería un marco y Dharmachari Vessantara, miembro decano de la Orden Budista Occidental y autor de *Meeting the Buddhas* [Conozcamos a los budas] fue comisionado para entrevistar a David y, así, extraer la información precisa. Para ello, el entrevistador no se limitó a indagar los detalles de la vida y el currículum de David, de tal manera que la transcripción editada de la entrevista consta de 16 mil palabras; 2 mil más que el texto original. Ella constituye la segunda parte del libro que el lector tiene ahora en sus manos y el texto que, de la nada, aterrizó en mi escritorio hace casi dos años forma la primera parte.

Cuando, hace poco, David vino a verme, aprovechando su paso por Birmingham para reunirse con las personas de Windhorse, se mostró interesado en enfatizar que las dos partes eran muy diferentes y apartadas y que por ninguna razón había que confundirlas. La primera parte era el texto, por decirlo así y contenía todo lo que él, en realidad, quiso decir, mientras que la segunda parte, que consistía en las respuestas que le dio a Vessantara, era el comentario. Algunas de esas respuestas tenían más la naturaleza de una reflexión y no necesariamente se basaban por completo en su propia experiencia directa, como la parte redactada del libro.

Reflexiones o no, las respuestas de David a las preguntas de Vessantara eran de considerable interés y valor. Después de observar cómo la gente va y viene, cambiando de maestros y tradiciones y dándole la vuelta a la práctica cada vez que sienten que no están obteniendo lo que deberían, dados sus esfuerzos, él enfatiza que uno sencillamente debería "aguantar". Considera que la disposición para mantenerse en la práctica es el aspecto más difícil que uno puede enfrentar en ella, porque esto significa ir contra la corriente que nos ha arrastrado toda la vida. A la vez, para él es importante que haya un equilibrio. La práctica del Dharma es la práctica del camino medio, lo cual implica la necesidad de balancear los extremos entre una práctica que es rígida y opresiva y los de una que es perezosa y falta de compromiso. Es difícil establecer ese equilibrio pero, a menos que se logre, piensa él, no será posible tener un verdadero progreso en el Sendero.

Además, la práctica debería ser de tiempo completo. "La verdadera práctica es la que se lleva a cabo a través del día e, incluso, si es posible, durante el sueño". No deberíamos ver la meditación y la vida en general como dos cosas diferentes, ya que todo el propósito de desarrollar habilidades dhármicas es cultivar y retener una mente enfocada para cualquier actividad. En cuanto a que los occidentales seamos un caso especial y necesitemos incorporar elementos de terapia y psicología en nuestra práctica del Dharma, él no está convencido de eso. El Dharma está vivo y siempre presente y puede fluir en cualquier situación. Es sano y completo. No tiene deficiencias que algún psicólogo occidental deba compensar.

Lo cierto es que el mismo David se declara un tradicionalista y piensa que las prácticas que enseñan las diferentes tradiciones budistas nos colocan firmemente en el sendero del Buda y no necesitan ningún aderezo de origen externo. Sin embargo, está consciente de que el Dharma no sólo es fluido, sino intemporal y transparente. Puesto que es transparente, no tiene una forma fija, de modo que el hecho de que haya venido de la India y pasara por China no significa que debemos imitar a los indios o a los chinos. El Dharma "se transporta sin esfuerzo por todo el mundo", le dice a Vessantara "y se viste con la ropa de las nuevas culturas en cualquier siglo".

Aunque en la actualidad vive solo, David reconoce en definitiva la importancia de la compañía espiritual. Además de tener a un maestro que nos guíe, debemos rodearnos de personas afines que nos apoyen y estimulen en la práctica espiritual. Cuando vivimos entre fuerzas que no se cansan de jalarnos en la dirección opuesta y que quieren que nos perdamos en el mundo del placer sensorial es fácil que nos sintamos aislados al practicar las disciplinas que hemos asumido. Otra utilidad de la Sangha es que los amigos espirituales desafiarán nuestras tendencias a la complacencia, al desarmar nuestras queridas nociones de lo que constituye la práctica correcta y dejarnos, muchas veces, bastante desinflados.

Tanto en lo que escribe acerca del sendero del bodhisatva como en las respuestas que le da a Vessantara, David en efecto desafía nuestra complacencia. En este sentido, él es un verdadero amigo espiritual para el lector. Tal como me aclaró en su carta original, nunca se ha considerado un maestro. Para él, lo que ha escrito (y, sin duda, las respuestas de la entrevista) "es un ofrecimiento para aquéllos que pudiera servirles en su entrenamiento y es, asimismo, un testimonio de que es posible para los laicos occidentales de esta era alcanzar lo que verdaderamente desea el corazón". Por eso llegó a la conclusión de que quería ver publicado "Práctica y percepción en el sendero del bodhisatva".

Con la publicación de *Relato de un despertar* ese deseo se ha cumplido satisfactoriamente y ya sólo resta que nosotros no nada más nos beneficiemos de la experiencia y la percepción de David, sino que también nos inspire el singular ejemplo de una vida tan consistente y firmemente entregada a la práctica del Dharma.

URGYEN SANGHARAKSHITA
MADHYAMALOKA
BIRMINGHAM, REINO UNIDO

PRIMERA PARTE

Práctica y percepción en el sendero del bodhisatva

Introducción
al sendero del bodhisatva

En las siguientes páginas trataré de transmitir mis propias experiencias del maravilloso viaje que emprende un corazón despierto por el sendero del bodhisatva, el cual conduce a la budeidad.

De ninguna manera podría afirmarse que mis deseos son de tipo escolástico y, por lo mismo, nunca dediqué mucha energía a la búsqueda de obras acerca de este tema, el sendero del bodhisatva, entre las escrituras. Lo cierto es que es muy poco lo que se ha escrito o traducido sobre lo que se conoce doctrinalmente como las "diez etapas de la bodhisatveidad", de manera que lo poco que hallé no me resultó útil para la práctica ni me pareció que tuviera precisión. No me fue de utilidad porque no podía recoger ningún conocimiento que me ayudara a clarificar y confirmar la percepción que surgió en mi interior y no lo encontré preciso porque en un noventa por ciento no se ajustaba a mi experiencia.

En gran parte quizá se deba, sencillamente, a la forma como está escrito. No pretendo saber cómo funcionaba la mente de un chino o un indio hace unos dos mil años. Si pudiera saberlo, quizá vería por qué enunciaron su percatación, principalmente, desde el punto de vista del bodhisatva "cósmico" y, en cambio, ignoraron en ella el punto de vista del bodhisatva "aterrizado". Es posible que pensaran que ésa era la mejor manera de transmitir su conocimiento o quizá lo expresaron en esos términos esotéricos para que no quedara tan al alcance y rodear, así, a su tradición de un halo de misticismo. Como quiera que haya sido, el sutra *Dasabhumika* ("sendero de diez etapas") como lo conocemos en la actualidad sólo existe para que los eruditos comenten acerca de él. A los practicantes no les sirve de nada.

Habrá quien diga que la práctica y la percepción que se expone en el *Dasabhumika* es un Dharma muy elevado para una persona común. Entonces, ¿por qué molestarse en ofrecérselo? Pero no es así. La práctica del Dharma es la práctica del Dharma, sin importar la percepción a la que se haya llegado. La esencia y las "reglas" básicas son exactamente las mismas.

El mahayana ortodoxo ha dividido ese trayecto en diez etapas, aunque de acuerdo con algunos textos se ha trazado ya en menos. Mas el verdadero despliegue de la budeidad no se experimenta en pedacitos o rebanadas. Es un suave viaje que profundiza cada vez más en la aparentemente interminable y magnífica ilusión que llamamos samsara.

Hay períodos en que la Mente despierta observa un aspecto particular del samsara. Luego, cuando la percepción sobre ese aspecto ha madurado por completo, se mueve hacia un nuevo aspecto. Puede decirse que esto es avanzar a la siguiente etapa. Sin embargo, a veces, esta nueva etapa no es tan claramente distinta a la anterior. Lo más complicado es que, con frecuencia, puede tratarse de un movimiento dentro de la misma etapa. En mi caso, cuando me desplazaba a través de la experiencia, esto me llevaba a creer que ya había comenzado una nueva etapa. La "frontera" no está tan clara.

Al final de cuentas, me parece que estas etapas son principalmente algo conveniente. El mahayana tiene una obsesión con el número diez y es por eso que este proceso maravilloso y natural se ha planteado así. No necesitaría yo mucha imaginación para sugerir docenas de etapas o para condensarlas en muchas menos.

En estas notas no sólo quisiera compartir un poco de esta maravillosa percepción, sino también ofrecerla de una manera que pueda resultar útil en la práctica diaria de aquellos que están comprometidos con el Dharma. Primero, trataré de dar el marco estructural a través del cual el corazón despierto aborda las etapas, ya que es importante tener una noción básica de esto.

En el momento en que tras despertar, "vuelve a la vida", nace la Mente despierta. Suele llamársele, entre otros nombres, Mente trascendental. Aquí la llamaré la Mente, con M mayúscula, en oposición a la m minúscula de la mente confusa, común y cotidiana. Antes del despertar sólo está la mente ordinaria, una que, por definición, siempre está ofuscada. Después de varios años de práctica, esta mente desarrolla una sabiduría sobre su propia naturaleza y así se va refinando en ese aspecto, hasta que al fin llega a un punto en el que ya no puede saber más sobre sí misma y cae en la ecuanimidad. Poco después de esto sucede el despertar y, de pronto, uno se encuentra en el sendero del bodhisatva.

Hay algo muy importante que debo decir aquí. Está la concepción popular errónea de que, con el despertar, la mente ignorante y cotidiana sale volando y ya sólo queda la sabiduría pura de la iluminación. Ésta es una noción profundamente equivocada. Lo que queda es una paradoja que a muchos les resultará difícil aceptar.

En la primera etapa despierta lo trascendental, con la completa sabiduría del Buda pero, poco después del despertar, la pequeña mente ordinaria vuelve a la vida con toda su ignorancia y su poder. Y sí, hay una diferencia, ya que la persona despierta no puede volver a cometer ciertos actos. Sin embargo, en la vida cotidiana, uno no cambia mucho que digamos.

Es así como nos encontramos con la paradoja espiritual esencial: la Mente que conoce la verdad de la existencia, la Mente que está despierta y lista para liberarse eternamente, convive ahora con la mente que es ignorancia e ilusión, con la que siempre nos lleva a sufrir en un ciclo sin fin. ¿Cómo podemos aceptar una verdad tan aparentemente imposible?

Precisamente, la práctica que se da después de este "logro" tiene que ver con las "dos" mentes. Hay una mente ignorante que, a través de sus condicionamientos, quiere seguir haciéndolo todo de la manera exacta en que siempre lo ha hecho, sin considerar la verdad obvia que muchas veces brillará sobre las cosas y, en efecto, tratará de hacer "mía" la sabiduría, al mismo tiempo y en todas las situaciones. También está la Mente despierta, que quiere transformarse y liberarse de esa mente mundana. Desde el primer bhumi o etapa y hasta el último, éstos dos "actores" representarán la gran batalla de la "Guerra Santa". Este juego de dos mentes aparentes puede sonar completamente distinto a la práctica de los meditadores comunes pero, en esencia, es el mismo en realidad.

En una práctica normal tomamos a un maestro que nos guíe. Si en serio quieres llegar al fondo del sufrimiento no te engañes pensando que lo puedes hacer tú solo. Por definición, en la práctica, siempre estamos yendo a lo desconocido. No podemos saber qué esperar o hacer cuando surjan las profundidades de nuestro yo. Estamos tratando con fuerzas poderosas y si no tenemos la guía de alguien que haya caminado antes ese sendero nos podemos equivocar. Tampoco creas que los libros te sacarán del problema.

Pero una vez que te encuentres en el sendero del bodhisatva verás siempre el camino y, por lo tanto, serás tu propio guía. Ya no necesitarás a un maestro. Tu Mente trascendental siempre verá el camino. Mas eso no impresionará a la mente confusa, que se seguirá comportando como de costumbre, ya que no es otra cosa que un bulto de *sankharas* kármicos y actúa y reacciona en la misma vieja forma a la que está habituada.

Lo que encontrarás en las siguientes páginas serán experiencias y reflexiones auténticas de justo antes del despertar y, luego, desde el primer bhumi hasta el séptimo. Es hasta este punto donde el "anfitrión en progreso" ha madurado a la fecha. Todo lo que leerán no es otra cosa que mi propia experiencia vivida.

MEDITACIÓN
DE PERCEPCIÓN PROFUNDA

En un principio, mi práctica fue zen. En aquel tiempo, llevaba una vida laica, de modo que tanto el recogimiento del corazón a través de la práctica diaria como el desarrollo de la concentración se nutrieron siempre de las asperezas y vicisitudes que ofrecía ese estilo de vida. Cuando me mudé a Sri Lanka, en 1980, todo cambió.

Siempre es necesario tratar de mantener un equilibrio del óctuple sendero. Muchos budistas creen que la meditación es todo, el principio y el fin. Si sólo aspiras a tener paz mental puede que sea suficiente con ello, pero para llegar al fondo del sufrimiento y cambiar es necesario abrazar todo el sendero. Es esencial comprender la práctica en la vida diaria. Aprender a contener las fuerzas que experimentamos en nuestros ajetreos cotidianos, abrazarlas y estar dispuesto a morir ante ellas es la base fundamental para el cambio. Sin esto, el cultivo del sendero está incompleto y desequilibrado, de manera que no se puede dar una verdadera transformación.

La forma de mi práctica diaria cambió radicalmente cuando dejé la vida laica y llegué a una vida de sangha (y no hablemos de los cambios culturales). Sin embargo, a pesar de los cambios externos de las apariencias, la práctica diaria, en esencia, nunca cambió.

Ahora que vestía los hábitos del theravada fui congruente con la tradición y dejé el entrenamiento con koan que traía desde el inicio de mi adiestramiento zen. A cambio, acogí la práctica ortodoxa theravada del *tilakkhana*, que incluye el desarrollo de la percatación en aniccha o impermanencia, dukkha o sufrimiento y anatta o no-yo. Esto causó un efecto muy profundo en mi meditación.

Fue una interpretación muy libre de esta práctica, con tan sólo una verdadera regla: que una firme concentración era prerrequisito esencial para la meditación de percepción clara. Sin un auténtico samadhi, es decir, la disolución de la mente dualista, es muy poco probable que surja una verdadera percepción, ya que el yo (que sólo puede vivir dentro de la dualidad) siempre estará agitándose en alguna parte para distorsionar, contaminar y poseer cualquier cosa que surja. Una vez establecido el samadhi, podrá tener lugar una investigación totalmente libre.

Siempre he tenido la bendición de contar con una fuerte facultad de percepción y, ahora, con este enfoque abierto, dicha facultad podía andar libre por la mente y el cuerpo, aplicando cualquiera de las tres marcas del ser a cualquier aspecto que eligiera para enfocarse en él. ¡Era una libertad disciplinada y resultaba maravilloso! Primero, tomaba prestada una técnica y luego otra, dentro de los cinco skandhas, con estas tres "herramientas", mi cuerpo y mi mente diseccionados por completo, cada vez con mayor profundidad y la percepción fluyendo con una fuerza casi abrumadora. Había alegría, dicha y también algunas lágrimas que corrían y no parecían tener fin. Anatta siempre fue mi favorita; mirar dentro de todos los fragmentos de la mente en espe-

cial y ver que, en efecto, no había nadie ahí. Observar el interminable flujo de esta mente es aniccha y también lo es ver
al cuerpo como parte de la mente. Veía que esta mente, de
hecho, lo es todo. ¡Y qué maravilloso era observar dukkha!
En muchos aspectos era lo más interesante, debido al gran
espectro que abarca: por una parte, el sufrimiento que es inherente en todas las cosas pero, en un nivel metafísico mucho
más profundo, la observación de que todas las cosas están en
constante vibración, lo cual conduce a un cambio constante (aniccha).

Hubo una percepción dentro de dukkha que vale la pena mencionar aquí. Un día estaba sentado en samadhi profundo. De pronto, la conciencia cayó como una piedra y se
acomodó en el mero centro del corazón, junto a una gran
bola de fuego. Esta bola era como el sol. Era redonda y blan-
ca, cálida y zumbaba como una fuente de electricidad. Tenía un poder inmenso. Examinándola más de cerca se podía
ver que se agitaba nerviosamente, con una excitación oca-
sionada por una intensa frustración, puesto que esa bola, en
realidad, estaba viva. Era como si algo la retuviera y la suje-
tara y no le permitiera fluir como ella quería. La observación demostró que ella era parte de la fuerza vital y que unas
fuerzas ignorantes la habían capturado y detenido dentro
del corazón. Buscaba tanto seguir su naturaleza y fluir dul-
cemente pero sólo podría escapar cuando su "amo" se lo
permitiera. Mientras tanto, seguía atrapada en impulsos
emocionales ilusorios. La fuerza vital está cegada y cree que
es un yo y, por lo mismo, sufre los temores, las emociones y
todo lo que caracteriza al ego.

Esta maravillosa meditación siguió durante varios meses.
La mente era como un pájaro que iba libre a donde se le an-

tojara, viendo las *lakkhanas* en todas las cosas. Todo era alegría, felicidad y luz. Incluso, una música fabulosa (signo de un corazón feliz) llegó a mi mente y se quedó ahí mucho tiempo. En ese lapso, toda la noción de que el yo era una entidad sólida e innegable, la cual vivía en la mente y el cuerpo y era dueña de éstos, se fue debilitando de manera continua.

SUEÑOS

Una gran parte de mi experiencia general en aquellos meses (y durante muchos meses más que habrían de venir) la formaban mis sueños.

Pueden dividirse claramente esos sueños en dos mitades. Una de ellas era muy gozosa, plena de una indescriptible dicha física. La conciencia y el estado de alerta eran tan agudos y vivos que apenas si parecían "sueños". Había una música tan fuerte que el oído normal habría estallado pero, ¡qué maravillosa era! ¡Luz y colores tan brillantes! Volando a través del aire, siempre el gran símbolo de la liberación. Estaba el dejar ir el miedo para poder dar el salto al aire y una aguda conciencia de lo que estaba sucediendo. Es difícil describir esta dicha cauterizante. A veces, eran caminatas por bellos jardines y mansiones cuyo esplendor de colores y aromas casi resultaba abrumador. Pero la mayor característica de todo eran la felicidad y la alegría. ¡Vaya que sí! ¡El corazón estaba verdaderamente feliz!

La otra mitad del ciclo de los sueños era totalmente lo opuesto. Surgió un patrón que se mantuvo durante todo este episodio de sueños. Después de una noche sin sueños venía otra con los sueños dichosos que ya describí. Luego, la tercera noche, mis sueños eran de una oscuridad y un terror intensos, profundamente aterradores. En estas noches, me visitaban enormes humanoides que sólo traían una misión en mente: matarme. Su sola presencia era bastante espantosa. Siempre empezaban desde lejos, acercándose poco a poco, hasta que uno de ellos se agachaba sobre mí y lentamente me ponía las manos en el cuello y me apretaba. Por supuesto, el impulso natural habría sido zafarme pero mi cuerpo estaba paralizado de miedo, de modo que no era fácil pelear. Como en los otros sueños, la conciencia estaba muy afinada, pero saber que "esto es sólo un sueño" no me servía de mucho.

Pasaron algunas semanas y aprendí a abrirme a ese miedo y aceptar a esas criaturas como amigos. Cuando llegaban, los dejaba que se acercaran y me agarraran. Me acostaba y decía, "está bien, si quieren matarme, háganlo". Sin embargo, la percepción estaba madurando, al grado que si mi entrega a la experiencia del miedo era auténticamente abierta ese terror terminaba por mostrar su verdadera naturaleza. Vi que las imágenes que rodeaban a mi miedo (no sólo en los sueños) y mis razones para temer no existían en realidad. No eran más que una creación de mi propia mente. En este caso, las criaturas, el miedo y el sueño se esfumaban y yo entraba en un sueño profundo y pacífico. Esos sueños siguieron durante mucho tiempo, hasta que al final desapareció todo el terror y el mismo sueño se había consumido en apertura, aceptación y comprensión.

Recuerdo un sueño que ilustra bien esta sabiduría recién descubierta. Yo estaba en el asiento de atrás de un coche que iba a toda velocidad por las calles de mi ciudad, Oxford. Como yo conocía las calles, sabía que si seguíamos a esa velocidad inevitablemente chocaríamos en la siguiente intersección. Mientras en mi interior crecía el terror ante mi

muerte inminente, yo estaba bien consciente de que estaba
soñando y podía haber cortado con el sueño si hubiera que-
rido, mas decidí que éste continuara, aceptando el sufrimiento y la muerte que pendían de él. Me relajé en el asiento y esperé. Llegamos a la intersección y la cruzamos a gran
velocidad, como suponía que lo haríamos y atravesamos el
escaparate de la tienda que estaba al otro lado de la calle. Mi
aceptación era total. Iba a morir. Entonces, en el último
momento, el sueño se interrumpió y algo me lanzó a una
enorme dicha y sentimientos de liberación. De nuevo vino
la clara noción de que el miedo no es otra cosa que un producto de la mente ofuscada, tan puro y simple. Se volverá
nada si tienes el valor de encararlo con una mente abierta
que lo abrace, con aceptación, sin evitarlo.

Mientras duró todo esto, en ningún momento contem-
plé mis sueños como algo esencialmente distinto al estado
de vigilia. Los veía exactamente como lo mismo. Así que las
lecciones que obtuve de esas experiencias pasaron con facilidad a mi vida diaria. ¡Qué útiles habrían de ser en el futuro!

El primer año que pasé en Sri Lanka fue completo. Mi
práctica fue muy sólida, con la percepción fluyendo libre a
partir de mi disciplina de sentarme a meditar. Me sentía
muy feliz y equilibrado. Pronto vendrían los retiros de la
temporada de lluvia, así que decidí aprovechar la situación
y sentarme en un retiro de silencio durante tres meses solo
en mi kuti.

Todo se organizó a satisfacción y comencé con la luna
llena de julio. Desde el principio hice algo que jamás antes
había hecho. Hice una reverencia ante mi rupa del Buda y,
como siempre, le pedí que me ayudara y me guiara pero, en-

tonces, de manera espontánea, hice el voto de que para el fin del retiro estaría iluminado. ¡Qué extraño que yo hiciera eso! Siempre he creído que hacer un voto puede traer problemas y ocasionar una carga, sobre todo si el voto no se cumple. En el pasado, había sido suficiente con mi determinación de hacer el mejor esfuerzo. Pero ahí tienes, ya estaba hecho y, por extraño que pareciera, me sentí bien con eso.

Me acostumbré pronto a la rutina y ya estaba disfrutando la maravillosa experiencia de un retiro en silencio. Pasaron dos semanas y todo iba muy bien. Entonces, sucedió lo que en ese momento sólo podría describir como una especie de letargo. Por más que lo intenté era imposible concentrarme. Lo peor fue que cada vez me resultaba más difícil reunir la energía y la voluntad para intentarlo. Todo esfuerzo por "hacer" algo era imposible. Los pensamientos simplemente surgían y se extinguían. No había interés ni apego ni voluntad de ir más allá de ellos. Una parte de mí se sentía terriblemente frustrada y la simple idea de pasar así las siguientes 11 semanas lo empeoraba todo de un modo infinito.

No estaba consciente de ello en aquel momento pero, de hecho, la mente había entrado en "*sankhara upekkha*", ecuanimidad con respecto a las formaciones. En esa época yo no sabía nada de esto, ya que no había estudiado muchos conceptos. Siempre estaré muy agradecido por mi ignorancia en esa área, ya que estoy seguro de que me habría creado problemas de apego si hubiera sabido que este estado mental era la mente necesaria justo antes del despertar. Estoy seguro de que inevitablemente me habría apegado y, por lo tanto, habría perdido el camino por estar anticipando.

ECUANIMIDAD
CON RESPECTO A LAS FORMACIONES

Ésta es la condición mental que permite que ocurra el despertar. Podría decirse mucho sobre esto. Es el fruto y el pináculo de la práctica. Esta ecuanimidad es el refinamiento esencial de la mente no iluminada. Es el "camino medio". Es a lo que nos lleva la verdadera práctica del Dharma. Es el fruto de años y, ciertamente, de vidas de práctica.

Ahora, al menos durante un buen período, la mente ha aprendido a soltar lo que surge en ella y ya alcanza la paz. Vida tras vida, ha estado persiguiendo esos pensamientos, empujada por las emociones de la fuerza vital ilusoria. Ahora, por lo menos, ha perfeccionado el soltar.

Este estado ha surgido a través de aprender las habilidades dhármicas y entrenarse en ellas. Es una práctica que se ha mantenido por mucho tiempo. Poco a poco, uno aprende a contener y a no dejarse llevar por los pensamientos, los sentimientos y las emociones, conteniéndolos una y otra vez, hasta que la fuerza vital errante del corazón se transforma en comprensión y dulzura. La sabiduría que brota y ahonda durante este proceso transformador cobra vida una y otra vez para ayudar a contener y a transformar, siempre profundizando.

Con gran lentitud, la mente comprende su verdadera naturaleza y ya no se engaña ni se va con la idea del yo, que es la raíz y la causa de todo sufrimiento. Cuando se perfecciona esto uno entra en la ecuanimidad profunda, al menos dejando de perseguir todo lo que surge. Incluso abandona la maravillosa sabiduría que ha cultivado y profundizado. Sí, hasta eso; la más preciosa de las posesiones.

Todo lo que se ha aprendido tiene que irse. Nada, absolutamente nada ha de permanecer, hasta que uno vuelva a ser como un bebé, inocente, sin conocimiento, sin deseos, sin aversiones, incluso sin falta de comprensión. Cuando esto madura y se perfecciona ya sólo hay un resultado natural e inevitable: el despertar.

DESPERTAR

Este estado continuó por dos semanas, en las cuales fue madurando la ecuanimidad. Entonces, un caluroso día de agosto, cuando empezaba la tarde, durante la meditación, hubo una repentina atención acentuada acerca de algunos pensamientos. No eran pensamientos sobre algo en particular mas, de pronto, la conciencia se desvaneció por completo, "se apagó".

El despertar es una breve experiencia que quiebra la "raíz central" de la ignorancia. Hay plantas que tienen una raíz central o raíz pivotante y cuando ésta se rompe la planta queda irreparablemente dañada, de modo que se va marchitando sin remedio, aunque por un rato parezca estar bien. Del mismo modo, puede parecer que también la ignorancia se recuperará pero, aunque aún tarde unas cuantas vidas más, como la planta inevitablemente se acabará.

A partir de las escrituras del pali había entendido que este "rompimiento" es un suceso momentáneo. De hecho, era algo que ocurría tan rápido que algunas personas apenas se daban cuenta que algo había pasado, hasta que surgía la sabiduría, cuando era de suponerse que uno ya estaba enterado. Es posible que se dé este suceso momentáneo porque, dicen, la conciencia surge y muere momento a momento y, al final de uno de esos momentos, el que sigue simplemente no surge, con lo que se emite una "señal" antes de que sí surja el siguiente. Pero en mi caso no fue así.

No fue un cese momentáneo, sino que duró mucho más tiempo, yo diría que cerca de medio segundo y durante ese desvanecimiento de conciencia no hubo un espacio en blanco sino un "conocimiento".

Luego volvió la conciencia, no en un parpadeo, como se había ido, sino como una especie de torrente. Después de tomarme un minuto más o menos para recuperarme, el conocimiento búdico comenzó a surgir y permaneció varios días. Aunque fluía con suavidad, llegó en tres etapas principalmente, en el siguiente orden:

1. Viendo que no hay una persona en esta mente ni en este cuerpo, revelando así la vacuidad.

2. Viendo que desde el cielo en lo alto hasta el infierno en lo más bajo y entre ambos todo lo que hay no es nada más que una creación de la mente. Además, una vez descartado el mundo, las formas que quedan no son objetos "sólidos" sino que, en verdad, están vacíos de sí mismos, lo cual revela la profunda vacuidad.

3. Viendo que al ya no haber ni yo ni los demás y debido a la profunda vacuidad, todo lo que verdaderamente "Es" está interpenetrado.

EL PRIMER BHUMI

Me cuesta trabajo expresar con palabras los sentimientos que tuve en los minutos posteriores. Uno de los primeros pensamientos casi parece egoísta, debido al gran sentimiento de "victoria". Tantos años de lucha no habían sido en vano, el entrenamiento fue verdadero. Con esta visión del entrenamiento verdadero viene la visión del sendero, una visión que nunca se perderá y que siempre estará ahí para guiarme. Y con esto vinieron unos sentimientos tremendos de gratitud a mi maestra, por ponerme y mantenerme en el sendero de la libertad.

Ésta fue la primera etapa de la bodhisatveidad y durante varios de los días que siguieron a la percepción llovió casi continuamente. Fue tanto lo que pasó en este tiempo, no sólo la percepción sino los sentimientos de alegría y de haber soltado tantas lágrimas de felicidad, que resulta difícil recordar muchas cosas y el orden en que sucedieron.

Lo cierto es que una de las primeras percepciones fue la visión de las cuatro nobles verdades con una enorme claridad. Vino, después, la visión de la verdad de la gran paradoja del mahayana, de que nada existe en realidad y que ni siquiera hay un samsara del cual liberarse. Todos estos años de entrenamiento fueron una total pérdida de tiempo. ¡Qué divertido y cuántas carcajadas! Lo que se veía aquí era una de las principales marcas del despertar: la vacuidad. No sólo la vacuidad del yo sino una profunda vacuidad, en la que la forma no sólo está vacía de nombres y etiquetas sino vacía de sí misma. Cuando se ve esto (y la mente ordinaria nunca lo puede ver) toda la vida fluye a través de sí misma. No es la "Unidad" de la que con tanta frecuencia oímos hablar, sino algo todavía más profundo que eso.

La última visión es la de lo esencial, la de la interpenetración. A diferencia de todas las demás percepciones, ésta jamás podría traerse al mundo del pensamiento. Era una visión, pura y simple. En ésta se podía ver al universo entero contenido en cualquier objeto. ¡Qué fantástico, qué maravilloso! ¡Ver a la Sociedad Budista de Londres confortablemente acurrucada en su totalidad bajo la uña de mi dedo! ¡Y esa misma Sociedad Budista dentro de sus cuatro paredes, conteniendo todo lo que existe, el pasado, el presente y hasta el futuro, *ahora*!

A mi retiro aún le quedaban diez semanas pero tomé la determinación de llegar hasta el final sin cambiar la rutina, sin aflojar en ningún aspecto y sin decir a todo el mundo las "buenas noticias".

La mente estaba muy activa haciendo un recuento de la percepción y digiriéndolo todo. Había una alegría abrumadora siempre presente y fluía una gran energía, a tal grado que resultaba imposible concentrarse durante la meditación. Este estado habría de continuar durante el resto del retiro. No importaba cuánto esfuerzo hiciera para domar a la mente, ella se agitaba bajo esa fuerza.

Algo que se hizo evidente en ese tiempo fue la tendencia al apego causada por esa fuerza. Se requirió hasta el último gramo de fortaleza y determinación para impedir que eso ocurriera. Yo simplemente tuve que contenerla y resistir lo mejor que pude. ¡Caray! ¡Sería que "yo" me estaba iluminando!

La naturaleza de ese proceso es que, tras el despliegue de la percepción, el mundo samsárico de ignorancia y engaño, como nubes que cubren al sol claro y brillante, comienza de nuevo a manifestarse.

Aunque no podía haber lugar a dudas sobre la autenticidad del despertar, sabía bien que, tarde o temprano, Mara intentaría explotar la situación, así que decidí anticipármele a ese sujeto e ir a Colombo cuando terminara el retiro para recibir la confirmación de parte de mi maestro inspirador, quien me di cuenta más adelante que ya se había percatado y sabía con exactitud lo que era inminente desde hacía varios meses antes. Tras saludarlo y mostrarle mis respetos, él sencillamente me miró y sonrió.

Entonces viajé a una aranya en el bosque fuera de Colombo, para entrevistarme con un viejo monje al que jamás antes había visto pero que tenía la reputación de una gran madurez de percepción y que había congregado a su alrededor a muchos excelentes monjes que evidenciaban una práctica seria y comprometida. Tuve una larga sesión formal con él y al final le pedí su confirmación... y me la dio.

Después de regresar a mi *bodhi mandala* en la Ermita de la Isla me sentí en una encrucijada tremenda. Sentí que tenía razones legítimas para dejar ya la práctica, pues al romperse la "raíz pivotante" sólo pueden restar unas pocas vidas más. Sabía que muchos antes que yo habían tenido que tomar esa decisión. Después de todo, no importaba lo que pudiera ocurrir en esta vida, en el viaje total ya sólo había una dirección en la cual yo iría. Sin embargo, en mi caso, resultó que no había mucho que considerar. El "trabajo" no estaba terminado y, de hecho, el final estaba aún muy lejos. Pude ver que necesitaría todavía un enorme esfuerzo, de modo que decidí volver a la morada que recién había dejado en el bosque y seguir entrenándome ahí, con el apoyo y la compañía de los varios monjes que habitaban en el lugar.

EL CUENTO
DEL VIEJO VAGABUNDO

Había una vez un viejo, un individuo simpático, amable y compasivo, que se sentía tan contento con la vida como pocos podrían imaginar. Se sentaba en su mecedora cada día, con una gran sonrisa, mirando a la fogata, sin mucho más que hacer.

A pesar de que estaba contento, en el fondo tenía un poquito de aburrimiento que, a veces, se agitaba, aunque fuera ligeramente. Así que un día decidió salir a pasear y ver los alrededores y, quizá, correr alguna aventura, algo que no podía recordar que le hubiera sucedido nunca.

Entonces, se vistió y salió. ¡Qué maravilla estar afuera, en el gran mundo! Caminó y caminó, completamente fascinado con tantas cosas fabulosas que veía. Fantásticos paisajes con colinas, árboles, ríos, aves y otros animales y tanto por ver. ¡Y toda la gente con la que se encontró! Había de diversas formas y tamaños, algunos muy amables y otros no tanto y algunos eran muy atractivos también. Así siguió, adentrándose en las maravillas del mundo, en sus formas y colores, sus sonidos y sus aromas, todo era tan seductor que resultaba difícil resistirse.

Pero, después de un tiempo, comenzó a cansarse de todo eso y decidió que ya era hora de volver a casa. Así que se dio la vuelta y miró hacia atrás. Después de unos minutos, sin embargo, se dio cuenta de que no podía recordar cuál era el camino. Estaba perdido. "¿Qué haré?", se preguntó, porque empezaba a preocuparse y ya había tenido bastante. Al principio había gozado las experiencias pero, luego, éstas parecían perder su encanto, porque no eran precisamente lo que aparentaban ser. Se sintió un poco decepcionado por todo y decidió que, en realidad, estar en casa era lo mejor. Mas, ¿qué podía hacer ahora? Le preguntó a muchos cómo podría retornar a su casa y aunque, en verdad, todos trataban de ayudarle el viejo sintió, de algún modo, que ellos simplemente no sabían cuál era el camino y que, a su manera, estaban tan perdidos como él.

Anduvo por aquí y por allá, cada vez más preocupado y más perdido. De pronto, justo cuando estaba casi al límite de su resistencia, vio su casa a lo lejos. Continuó y, a pesar de las tentaciones que buscaban distraerlo de su camino, se concentró en él con mucha voluntad y determinación hasta que estuvo ante la puerta de su hogar. Su fantástico viaje se había convertido en una pesadilla, pero ahora estaba ya en casa. ¡Mas, en cuanto abrió la puerta se despertó! En ese mismo instante se dio cuenta que, desde el principio, nunca se había ido de su casa. Sólo se había quedado dormido y todas esas experiencias encantadoras no habían sido otra cosa que su imaginación. ¡Tan sólo un gran sueño! ¡Cómo se reía el viejo! De nuevo se sentó en su mecedora, sonriendo otra vez, totalmente contento, mirando a la chimenea.

❁

Este cuento me vino en una profunda meditación. Podría verse como una simple historia cotidiana o, bien, como mi propio recorrido por el camino, pero ninguna de esas cosas fue lo que me enseñó.

Lo que me enseñó fue que ese viejo, en verdad, era el eterno Buda que todo lo abraza y que la vida no es más que la danza sin fin que crea para su propio regocijo. Él crea la vida en miles de formas y se pierde en ellas, aunque lo hace tan bien que se olvida de que todo es sólo un juego. De modo que el juego continúa y sus creaciones se pierden eternamente dentro de él, pero hay una excepción y ésa es el humano. Sí, también él se pierde en sí mismo aunque adquiere la singular capacidad de reflexionar. El hombre disfruta las maravillas y los misterios de la vida pero, de manera paradójica, también experimenta el sufrimiento que hay en ello y se pregunta "¿por qué?" Conforme esa semilla de reflexión se desarrolla en algunas personas, éstas se dan cuenta que la vida no es lo que parece y que ésa es la razón por la que sufren. Pronto ven, en verdad, que esta vida no es otra cosa que un sueño, un juego de la mente (*maya*) y una vez que alcanzan esa visión, cada uno retorna al hogar; a sí mismo.

REFLEXIONES
SOBRE EL AVANCE

Algo que me desconcertaba era la aparente totalidad del conocimiento. Durante años había practicado zen y reconocía con facilidad lo que esa tradición consigna por escrito con respecto al despertar. Mientras estuve en Sri Lanka estudié bastante el conocimiento tal como lo define el Canon Pali y también eso lo podía reconocer. En términos generales, el Canon Pali se enfoca en la noción del yo y en la destrucción de la noción de que hay una persona en este cuerpo que dice "éste soy yo y esto es mío". Al destruirla, lo único que nos queda son los dharmas objetivos y una dualidad que persiste. El zen no utiliza muchos conceptos. No se enfoca en el yo sino que lo desecha junto con el mundo objetivo y destruye el conjunto, "dejando" sólo la profundidad de la gran vacuidad, que es la quintaesencia de la sabiduría mahayana. Sin embargo, para mí, todo se dio de una forma con la cual no estaba familiarizado en absoluto. No podía entender cómo este despertar no era ni "zen" ni "theravada" sino la fusión de ambos... con un saborcito extra.

Estaba en un retiro en silencio y no tuve contacto con nadie durante tres meses. Además, me había negado a mí mismo el acceso a los libros, de modo que por ningún lado podía esperar que me llegara ayuda. Reflexioné acerca de la práctica. Durante casi seis años fue en el espíritu del zen, que todo lo abraza, más un entrenamiento con koan que me mantuvo enfocado en ese espíritu. Todo esto recibió un gran impulso, durante mi primer sesshin o retiro de meditación como residente, cuando vino la experiencia de la primera de las "grandes muertes" del maestro zen Hakuin. La esencia del entrenamiento zen es reunir la fuerza vital, que se transforma y se suaviza a través de la práctica y, en el transcurso de un sesshin, ese acopio puede ser grandioso y tener mucho poder.

Un día, bajo una gran oleada de esa fuerza vital reunida, el yo y el otro se colapsaron y se reveló la unidad.

Fue una profunda experiencia que se caracterizó por una paz sin límites y que sólo podría describir como formidable. Aunque en esta experiencia no había sabiduría observando la naturaleza de las cosas, tuvo un profundo efecto en mí, que me colocó en verdad y por completo en el camino, desechando toda duda y dándome una inspiración que jamás me permitiría rendirme.

Cuando me puse los hábitos del theravada, el trabajo de percepción estaba enfocado solamente en los cinco skandhas y su disección dentro de la meditación. En retrospectiva, parecería que esta percepción necesitaba madurar mucho más y que esta forma de práctica permitió que eso sucediera. Lo cierto es que, al no asirme ya a un concepto (*koan*) sino, más bien, dejar que la mente concentrada merodeara a voluntad, la percepción llegó con tal paso que, en ocasiones, resultaba casi abrumadora. Durante este tiempo hubo poco control de mi parte. La mente concentrada parecía saber lo que quería, de modo que simplemente se estableció... ¡y vaya que lo disfrutó!

Después de unos meses la práctica estaba completa. La percepción dentro del "yo" se completó y la que abrazaba el "exterior" se había completado a través de la práctica previa del zen. Hecho todo eso, entró *sankhara upekkha*.

Fue como si hubiera hecho mi práctica en dos mitades y, con el despertar, ambas se hubieran fusionado. No se reveló en su totalidad, como sospecho que le sucede al practicante zen y no se reveló nada más con la primera capa del despertar, como le sucedería al theravadin, porque hubo mucho más. De modo que lo que se reveló estaba fuera de mi conocimiento previo de este proceso. De ahí el gran desconcierto. Es hasta ahora cuando sé que se podría categorizar como visión cabal, de acuerdo con el mahayana ortodoxo.

Lo que me tenía intrigado era esa totalidad de percepción y la capacidad de determinar todas las capas con tanta claridad. Entonces, un día, mientras ponderaba ese acertijo en un profundo samadhi, llegó la respuesta, en forma de analogía.

LA ANALOGÍA
DEL PASEO EN AUTO

Dos personas viajan en un automóvil por una carretera. Uno conduce y el otro va como pasajero. Juntos, pasan por donde hay árboles, campos, animales y toda clase de cosas, mientras el auto sigue su ruta por un camino pintoresco.

Cuando llegan a su destino, un amigo les pide que describan con detalle todo lo que vieron en el trayecto. Primero habla el que conducía y da una buena descripción de la ruta: los campos, las colinas, los animales y demás. Su amigo está muy impresionado de su atención. Entonces habla el pasajero.

También él describe la ruta y todo lo que vieron, pero ofrece muchos más detalles que su compañero que iba al volante. No sólo dice que vieron algunos animales, sino que especifica: había vacas y tenían manchas blancas y negras. Menciona un roble y un fresno y un encino, no nada más dice "árboles". Sabe de qué clase eran porque pudo ver y estudiar sus hojas conforme pasaban. En general, él hace una descripción muy detallada del paseo.

Ambos amigos hicieron el mismo trayecto y, en esencia, tuvieron la misma experiencia. Pasaron por el mismo camino, vieron las mismas cosas y llegaron al mismo destino. La diferencia estaba en el detalle y eso se debió a que uno iba al volante y el otro era el pasajero. El conductor debía mantener la vista en la carretera. Tenía que concentrarse en manejar. Conocía el paisaje pero sólo podía echarle vistazos. Para el pasajero fue totalmente distinto. No traía una "camisa de fuerza" como su amigo. Podía relajarse y mirar alrededor como quisiera. Si veía algo que le interesaba podía quedarse viéndolo mucho más tiempo, abarcar más y ver más profundamente en ello.

Ésta era la analogía y yo era el pasajero.

Había otro aspecto que me desconcertaba. En mi comprensión del zen, "retornar al origen" quería decir que la percepción se experimentaba a través de la profunda vacuidad, pero en mi caso no fue así. Lo cierto, como describí antes, es que la percepción entera nunca llegó siquiera como unidad y, sin embargo, todo el estrato de la sabiduría estaba ahí. Una vez más, la respuesta me vino en forma de analogía mientras estaba en profunda contemplación.

La analogía
de la piscina

Dos personas están en una piscina. Una está parada en la orilla y la otra se encuentra más arriba, de pie en la plataforma. Ésta se tira un clavado y cae, sumergiéndose en el agua a gran profundidad. A su vez, la otra persona da un paso y, suavemente, se mete al agua, sin siquiera salpicar una gota.

Esto, para mí, despliega dos enfoques diferentes en cuanto a la práctica. El zen, con su concentración en la fuerza vital, reúne una energía poderosa. Cuando llega el momento de "retornar al origen", el practicante se sumerge como un disparo en lo más hondo del dharmakaya. Si a través de una práctica más ortodoxa tiende a haber un desarrollo más dualista de la percepción, la fuerza vital no se reúne con la misma fuerza, de modo que, cuando llega la hora de "retornar", no se da aquella poderosa "zambullida" en el dharmakaya. Si en esta analogía tomamos que el agua es la sabiduría del despertar, a ambos practicantes, independientemente del modo en que se hayan sumergido, los cubre ahora el agua de manera igual y completa, ni más ni menos.

SEGUNDO BHUMI

Cuando terminé de mudarme al bosque, me establecí en mi kuti con la esperanza de que pronto fueran posible, otra vez, la meditación y una mente unidireccionada. Agradecí mucho que, en efecto, así fue. En esta etapa, la percepción fue completa y en muy poco tiempo la mente se limpió de apego y de la energética alegría de la liberación.

Mientras que seguía empleando la práctica de percepción que me había acompañado todos estos meses, la mente se encerró con firmeza en la investigación del yo (el yo que es "yo" dentro de esta mente y este cuerpo). Si bien recibí ayuda del abad durante esta investigación, en lo que se refiere al respaldo para identificar el etiquetamiento de la percepción que fluía, lo que estaba ocurriendo era totalmente espontáneo y de ninguna manera interfería yo en ello ni lo dirigía. Lo que descubrí fue que ésta era la investigación de los "conocimientos del sendero" que pertenecen al sendero del arahant o sendero de la iluminación y era de suponerse que me conducirían a la etapa de *sakadagami*. Fue un periodo de meditación intensa y, ciertamente, fue la segunda etapa de la bodhisatveidad, una etapa que habría de durar casi tres meses.

La mente estuvo muy refinada durante este período. Recuerdo no haber sido molestado mucho por alguna de las *kilesas*. La concentración era fácil y llena de propósito. Me pareció muy fácil pasar a uno de los "conocimientos", dejar que madurara mi percepción de él y deslizarme sin esfuerzo al siguiente.

Después de unas semanas vino la entrada a la etapa final de los conocimientos del sendero (*sankhara upekkha*). Ahí permanecí, como ya antes lo había hecho una vez, aguardando pacientemente lo que había sido llevado a creer que sería el sendero del *sakadagami*, pero esto no sucedió.

Un día, mientras estaba sentado en profundo samadhi, se alcanzó la madurez, pero lo que ocurrió entonces no fue la profunda entrada al sendero del arahant. A lo que se entró fue al profundo samadhi que ya había experimentado con anterioridad. Mientras estaba en esa absorción, la "voz interior" que tanto habría de ayudarme y conducirme en los próximos meses habló por primera vez y dijo, "sólo hay la unidad". Con ello vino un cambio repentino dentro de mí que no podría describirse con precisión. Se completó la percepción en este estado y el sendero del arahant, que tanto había sido investigado durante las últimas semanas, de pronto fue absorbido por algo mucho mayor.

El sendero del arahant, que solamente tiene que ver con la percepción dentro de "mí" como una persona que vive en este cuerpo, desapareció. La formidable y maravillosa práctica vipassana que tanto había disfrutado durante los últimos 18 meses se fue con ello. Lo que vino a cambio fue la práctica que todo lo abraza, que había sido mi base en el budismo.

Esta práctica tiene a "mí" como individuo en gran parte de ella, pero también incluye al "otro" y al mundo externo y trata a todo como uno, como que todo tiene el mismo origen. Una parte no esta separada ni es diferente de otra. Todo se sostiene y condiciona mutuamente. Todo fluye junto como una sola cosa.

Yo veía la belleza del bosque con sus formas, colores y texturas y me maravillaba con los monos que me visitaban cada día. Me fascinaban los animales y los insectos que daban vida a la selva y que diario me entretenían en la cálida y brillante luz del sol. Al ver todo esto supe que "yo y el otro", entre tantas maravillas, no éramos pequeñas criaturas temerosas y separadas, en realidad, sino parte de la "Mente única" en su eterna danza de la alegría.

En el budismo, esto se llama el mahayana y, después de un año y medio, me hallaba de nuevo sumergido en él. Es en este punto donde comenzó la tercera etapa de la bodhisatveidad... y habría de durar siete meses.

Tercer bhumi

Ahora que el corazón volvía a la "práctica que todo lo abraza" las dos "vías" me parecían muy claras. En lo que estaba investigando ya no había distinción entre "yo" y "el otro". Todo era "yo". Todo era producto de la mente ilusoria.

Lo que ahora había cambiado podría describirlo mejor como el "espíritu" de la práctica. Ya no tenía que ver sólo conmigo. Conforme pasaban los días, veía cada vez más claro que yo tenía una relación muy estrecha con mis semejantes y, del mismo modo, con los árboles, las flores, los animales y con el viento y las nubes. Todos éramos hijos del Buda. Esto liberó la mente, de modo que se expandió más y más y se volvió más espaciosa, tolerante y cálida. Vi que yo era una parte inseparable de esta vida bella, misteriosa y maravillosa y sólo quería fundirme con los colores, formas, aromas y sonidos, todo bailando en un flujo eterno. ¡Luego me atrapaba el alborozo de que, en realidad, todo esto era el verdadero yo!

FENÓMENOS
DE LA MEDITACIÓN

Muchas experiencias diferentes se podían atribuir a este período de meditación concentrada, disciplinada y decidida.

Los gandharvas seguían ofreciendo su música. Llegaban
a mi nariz deliciosos aromas, dulces y delicados. Durante la
meditación había mucha percepción de luz: luces intermi-
tentes, energía mental reunida que se derramaba, con des-
cargas similares a las de un rayo durante una tormenta. El
cuerpo se hacía tan ligero que parecía no estar ahí.

Cobré conciencia de la espontaneidad de los movimien-
tos físicos. Nos gusta creer que "soy yo el que mueve mis
brazos y mis piernas y mi cuerpo", pero estamos equivoca-
dos. Era verdaderamente maravilloso ver que, la verdad, no
era yo en absoluto quien hacía eso. Después de todo, no hay
un "yo", ¿recuerdas? Lo cierto es que... ¡todo es pura magia!

Mientras uno está en samadhi puede haber, a veces, un
vigoroso meneo de cabeza. Esto sucede porque la fuerza vital, al estar más liberada, fluye libre y con mayor rapidez a
través de los chakras y sus canales. Sin embargo, como el
chakra de "salida" en la parte posterior de la cabeza no está
lo suficientemente abierto, la fuerza se expele con esa sacu-
dida. Nunca me molesta ese movimiento y sólo lo noto
cuando alguien me lo recuerda.

Muchos fenómenos distintos pueden surgir debido a esta energía concentrada, que se vuelve refinada, pura y muy

poderosa. Básicamente, cualquier cosa puede suceder cuando uno se halla en ese estado, pero nunca hay que preocuparse por ello.

CUARTO BHUMI

Cuando terminó la tercera etapa, la fuerza vital o energía del corazón se encontraba reunida y concentrada, no sólo de un modo mental, sino también físicamente. La mente y el cuerpo se sentían como una bola de energía contenida y controlada. Pronto habría de iniciar la cuarta etapa de la bodhisatveidad y eso me llevaría al período más peligroso, temible y difícil de mi vida. Si no hubiera sido por la ayuda de la "voz interna", fácilmente habría terminado en un desastre.

Todo comenzó con una acumulación de la fuerza vital en el hara. Mi experiencia me dice que esto siempre significa que algo está a punto de "ceder". Por lo regular, es una experiencia dolorosa, ya que esa concentración ocurre en el "asiento de las emociones", pero es señal de una buena práctica. Es un momento en el que el verdadero cambio puede suceder; es cuando "irrumpe". No obstante, es asimismo un momento de peligro, debido a la fuerza que quiere estallar. La experiencia en la práctica es esencial aquí, así como la capacidad para contener a esa fuerza, porque si se le deja suelta puede ser, en verdad, muy dañina.

Continuó esa acumulación y un día llegó Mara, ese diablito que hay en cada uno de nosotros y que aparece siempre que se da una situación que él siente que puede aprovechar para reforzar un poco más su bastión. La situación era óptima para él, con toda esa fuerza esperando para estallar. Así que llegó y durante las siguientes seis semanas se aposentó en mi interior con una odiosa venganza, de un modo como jamás antes había sentido.

Él se aferró a una pequeña regla que, a veces, yo rompía pero que no era tan importante. La mente se partió en dos mitades. Una estaba totalmente poseída por Mara y en ella no había más que odio y desprecio por mí mismo, por mi hipocresía y por mi práctica impura. La otra mitad trataba de razonar, defenderse y contener esa embestida.

Mara no aflojó. Con todas sus fuerzas y su astucia trató de hacer que yo soltara la tremenda energía que consumía todo mi ser, batallando todo el tiempo con esa parte de mí que había dado lugar a la percepción; la parte que dice "no reacciones, sólo acepta". La intensidad simplemente no disminuyó.

Algo que seguido venía a mi mente era la imagen de aquella niña poseída por el demonio, en la película *El exorcista* y veía la tortura y el tormento que ella tuvo que padecer. Así era lo que me pasaba. En realidad, requerí de todos mis años de experiencia para seguir conteniéndome. Lo que resultaba evidente era que yo andaba en calidad de bomba de tiempo ambulante. Si aunque fuera sólo por un segundo yo decidía dejar ir la energía que traía dentro, ésta habría salido a chorros y habría sido imposible volver a meterla en un cauce. Lo único que podía imaginar era que yo corría por el bosque, gritando, con la mente completamente deshecha.

Habría sido fácil caer en la ilusión de que esa criatura venía de fuera de mí, ya que se veía tan feliz de poner fin a mi vida, pero nunca lo consideré así. La batalla siempre apareció como un producto de mi propia mente confundida.

Era como si me hubieran abierto. Con todas esas terribles ideas brotando desde lo más hondo del subconsciente me sentí muy vulnerable y al borde de la desesperación.

Desde que comenzó mi práctica en el Dharma siempre he tenido una magnífica relación y contacto con el Dharma mismo. Solía hablar con él, rezarle. A veces, incluso, lo maldecía cuando las cosas no salían como yo deseaba. Siempre sentí que me protegía y me guiaba con habilidad a través de cada nueva situación y experiencia por el sendero. Siempre tuve la confianza de que cada nuevo giro en mi vida, por inesperado que fuera, se resolvería adecuadamente y así fue. Jamás me abandonó. Ahora necesitaba ayuda como nunca antes. Me abrí por completo al Dharma, hice una reverencia, le pedí ayuda y me la dio.

Esa ayuda llegó como una "voz interior": el vínculo entre el Buda y yo. Habló varias veces, por lo general, durante la meditación. Ocurría una absorción total de atención consciente y se suscitaba una completa comunión. Decía algunas palabras y, tras "retornar", yo contemplaba esas palabras. Su sabiduría era tan profunda que, en ocasiones, me quedaba estupefacto. Lo extraño era que pronto olvidaba esas palabras. Parecían creadas justo para esos momentos y esas situaciones y, luego, se desvanecían. Por lo regular, la voz me daba el apoyo y la comodidad que requería y sus palabras, sencillamente, desarmaban a Mara una y otra vez.

Esa voz es la del Buda (Dharma). En momentos de gran necesidad ella suena, pero sólo si los necesitados tienen la genuina humildad para rendirse ante lo que saben que es mucho más grande que ellos mismos. Es un "medio hábil" del Buda hablar en el idioma de aquél que se rinde. El Buda no es una persona, un dios o una cosa, sino el principio vital eterno que es todo lo que Es. Cuando de verdad nos rendimos a él, establecemos la comunión y nos volvemos uno con él. A cambio, nos demuestra amor, compasión y sabiduría, porque eso es él y nada más.

Un día, durante aquel tiempo, la comunión fue tan completa que la voz habló mientras hacía una reverencia. Me dijo que pidiera perdón. Que pidiera al Todo Compasivo que perdonara mis pecados y debilidades y que me ayudara en mis esfuerzos para superarlos y que, luego, con toda humildad, le pidiera que me aceptara en su ser. La voz me dijo que debería pedirlo de esta forma: cuando me inclinara la primera vez, me indicó, debía decir, "Por favor, perdóname". En la segunda reverencia diría, "Por favor, ayúdame" y, en la tercera, "Por favor, acéptame".

Es una práctica que he seguido haciendo hasta hoy.

Tras varias semanas de conflicto mental, la paz llegó casi inesperadamente. De pronto, la mente se calmó y Mara ya no estaba. Entonces surgió la profunda visión de que todo aquel conflicto, desde el mero principio, sencillamente nunca existió. Había sido un juego de la mente. Todo está bien. En la verdad, sólo hay paz.

Pasaron dos días antes de que me diera cuenta que había ocurrido un cambio en mi mente, un cambio tan profundo que hasta hoy no ha menguado. Nunca, en esta vida, recaeré otra vez. Es una victoria permanente.

Aun cuando estas experiencias son parte del sendero del bodhisatva, en esencia la práctica no es distinta para cualquiera que recorra el camino. La única diferencia está en la claridad de la comprensión.

Una vez escuche decir a un monje: "es imposible amar a otra persona si no puedes amarte a ti mismo". Esto me impresionó profundamente y jamás lo he olvidado. El conflicto alcanza su punto álgido justo aquí, en el cuarto bhumi. Es el último gran esfuerzo que hace Mara en este nivel de ignorancia por conservar su dominio y su poder.

Odiarse a sí mismo y sentir disgusto hace que nuestra mente se parta hasta el fondo por la mitad. Una parte fastidia a la otra incansablemente y le crea mucho dolor y sufrimiento, en tanto que ésta busca defenderse, a veces con la lógica y la razón y, otras veces, devolviendo el ataque con el mismo veneno y, en ocasiones, cediendo y doblándose ante la embestida, con lo cual genera aun más disgusto consigo misma y desvalorizándose. ¿No es así como suelen funcionar nuestras mentes? Como dos ejércitos en el campo de batalla, atacándose sin cuartel y defendiéndose. ¿No es esto lo que nos pone al borde de la desesperación? Lo peor de todo es que tenemos muy poco o ningún control sobre estos embates mentales. En esta etapa la batalla estaba en su clímax, pero la claridad de la mente era brillante y ya estaba forjada el "arma" que habría de traer la victoria final.

El "arma" que aquí se empleó fue la misma que se utilizó en la práctica: el "arma" de la aceptación. Cada vez que la mente atacaba, en lugar de reaccionar, como es la costumbre, simplemente aceptaba, con un espíritu de apertura, sin moverme a la derecha o la izquierda sino, tan sólo, mirando de frente cuando todo se cernía sobre mí. Sin pensar "me gusta/me disgusta", "bien/mal", "correcto/incorrecto", "puro/impuro". Abriéndome a ello, abrazándolo, intimando con eso, sin reaccionar, hasta que ello solo se consumía. Este acto, este "acto" de no actuar, es lo que hay que practicar una y otra vez. Ésta es el "arma del Dharma" que ganará la "Guerra Santa". Ésta es la práctica que apaga el fuego de la codicia, el odio y lo ilusorio. Es la práctica que pone freno a la rueda de la vida y la muerte. Es la práctica que pone fin al sufrimiento.

Es así como nos amamos a nosotros mismos. No con el "amor" de la vanidad sino el de la aceptación de nosotros tal como somos, viendo de un modo abierto y claro nuestras fallas e imperfecciones, sin juzgar ni reaccionar. Aceptándolo todo. Ésta es la plataforma para la percepción. Cuando se calman las olas del conflicto, el fino filo de la sabiduría puede rebanar las cadenas de la ignorancia.

Cuando llegó la paz que completó la cuarta etapa murió el "autoconflicto" de la mente. Ahora es imposible para mí, bajo cualquier circunstancia, entrar en conflicto mental conmigo mismo.

Ya enterrado todo eso, se ha roto una gran "barrera de acero" y ha comenzado propiamente la entrada en el mahayana.

REVERENCIAS

Las reverencias, así como los cantos y la ceremonia en general, son de una importancia primordial para la práctica. Los occidentales, con nuestro intelecto tan desarrollado, tendemos a minimizar esta cara del budismo por considerar que no es necesario para la práctica ni para la percepción. Preferimos dejarle eso a los orientales, tan dados a la superstición y el misticismo. Éste es un grave error. La práctica del Dharma es, en esencia, del corazón, no de la cabeza. Es ahí donde hay que cultivar al espíritu; ese espíritu de la práctica que aprende a abrirse a algo mucho más grande que "yo", vasto e insondable.

Bien hecha, la inclinación de la cabeza es la parte más profunda de la práctica. Es la reverencia en la que ofrezco todo lo que soy, con todos mis aspectos, incluyendo la práctica, con mis conocimientos y comprensiones. Es esencial no olvidar esta parte, ya que sabemos que también se ha de convertir en otra posesión de mi ego. Todo, absolutamente todo hay que darlo y eso debe incluir al "ofrecedor". Para mí, esta entrega se hace al repetir silenciosamente las tres frases que señalé arriba. En ese instante, todo se reúne en una mente unidireccional y se le ofrece al Buda.

Esto alimenta un espíritu de intimidad y confianza con el mismo Dharma; la aceptación y comunión con algo cálido, misterioso, maravilloso, compasivo y amoroso, imponente y grandioso. Conforme se acrecientan esta familiaridad y confianza podemos aprender a abandonarnos y permitir que el Dharma nos conduzca por la vida diaria como parte del flujo eterno.

He tratado de ofrecer al lector mi experiencia en el bosque en un período de absoluta desolación. Fue gracias a que ese espíritu se había nutrido durante tanto tiempo que yo pude abandonarme y, de esa manera, permitir que el Dharma me llevara a través de tan grave peligro.

Si no podemos alimentar ese espíritu nos quedaremos encerrados en la prisión de la vida y la muerte para toda la eternidad y estaremos sujetos a un sufrimiento infinito. Sólo cuando nos hemos rendido por completo se abre la puerta hacia la maravillosa iluminación, dejando entonces que fluya el Dharma a través de ella, para cortar la raíz de la ignorancia.

QUINTO BHUMI

Tras ese momento crítico de la cuarta etapa vino un sentimiento de que había alcanzado la cumbre de una gran montaña y que, de ahí en adelante, todo sería de bajadita. No debería uno complacerse de esa forma pero es un sentimiento innegable.

Se había completado la percepción en esta etapa y, tras sepultar por fin esa rebanada de ignorancia, la mente era ya, por primera vez, libre para empezar a investigar a otros seres. Comenzó así la quinta etapa de la bodhisatveidad y podía dar inicio la labor del bodhisatva: "liberar a los seres".

Es en esta etapa cuando en realidad se entra en el mahayana. Ha desaparecido la preocupación junto con la ilusión del yo. Ahora, la mente se vuelve hacia "fuera", al mundo de los seres sensibles y su relación con ellos.

Como ya era habitual, la concentración era firme y profunda, al grado que un día hubo una honda penetración en el dharmakaya. Al salir de la meditación, el yo y el otro se disolvieron. "¿Qué es lo que surgió?", vino la pregunta y otra vez corrieron lágrimas de alegría. Se realizó la profunda vacuidad. Mientras caminaba por el bosque "la infinidad gemía, los árboles florecían en primavera".

Se formó un patrón que habría de durar hasta entrada la sexta etapa y que consiste en establecer un objeto de meditación (*kammatthana*) e investigarlo. Luego, eso madura y se convierte en comprensión, que después se desprende para que ocupe su lugar la siguiente "capa". Es un proceso que siguió un horario muy misteriosamente preciso. En esta etapa, consistió en cuatro días de investigación, seguidos de una profunda percepción y cesación. Luego, tres días de "descanso" y vuelta a empezar.

Para mí el kammathana fue un monje, un amigo por el que tenía gran estimación, aunque él tenía una o dos características que, a veces, me resultaban difíciles de aceptar. Primero, vinieron mis sentimientos negativos hacía él. Lo cierto es que, en momentos, llegaban a ser una muy fuerte aversión. De modo que así quedó el escenario: mi amigo, mi aversión y yo.

Nótese de nuevo el cambio en la percepción. Ya no era la Mente que tenía que ver "conmigo" y la forma en que "yo" se construía en la mente ilusoria y toda la percepción que desmantelaba ese engaño. Ahora estaba "ahí afuera" con el vínculo entre yo y el otro. Llegaban a mi mente, una y otra vez, situaciones imaginarias (que tenían que ver con mi amigo y yo) y la aversión sería, en gran parte, el tema de mi relación con él, ya que lo atacaba con insistencia en mi mente. Fue muy similar a la cuarta etapa, sólo que esta vez la aversión era contra "alguien más".

Cada episodio se desarrollaba de manera habitual y, por lo general, era muy desagradable. Sin embargo, el enfoque era el mismo de siempre, aceptando la situación y abrazando la agitación emocional siempre presente. A través de todo esto, la Mente observaba e investigaba sin cansancio, con una fuerza y una intensidad sin límites. Esto siguió así durante cuatro días y, en el último, de pronto, desde lo más recóndito del subconsciente, brotó la canción "Todo lo que necesitas es amor" y resonaba una y otra vez, trayendo consigo mucha alegría y felicidad.

Desde el interior de esta alegría podía verse con gran claridad que ese hombre, como yo, era producto de mi propia mente. Ese hombre no existía fuera de mi mente. "Los demás" no eran otra cosa que el producto de mi propia mente cayendo en la dualidad, creando conflicto, engaño y deseo. Con esta percepción vendría la paz y se disolvería aquel episodio.

La canción, igual que todo lo demás, no tenía nada que ver conmigo. No venía de la mente sino de las grandes profundidades y añadía la calidez del corazón humano al proceso de percepción. Vi que para "llegar al fondo" de la vida había que cultivar amor y compasión; con el amor como el sello misterioso de todo lo que es y la compasión como aquello que cultiva el retorno a la completa conciencia del amor.

Este ciclo se repitió varias veces. Siguió representándose durante unos cinco meses hasta que por fin se disolvió, consumido por la visión clara que, para esta etapa, ya estaba completa. La percepción, de nueva cuenta, demostraba que se trata de una práctica de aceptar y abrazar y de la voluntad de dejar que te queme el fuego de las emociones.

La suerte estaba echada. Era cada vez más evidente que todo lo que hay en este enorme y hermoso mundo de árboles, ríos y montañas es sólo una creación de la mente, pero lo más digno de atención era que la percepción se concentraba mucho en los seres sensibles. La manera en que constantemente estamos pensando en ellos es lo que, más que otra cosa, modela nuestras mentes. Casi todos los deseos, las aversiones y las fantasías se dirigen hacia los demás. Ellos son la parte más importante de las experiencias en la vida. La mente, en su eterno parloteo, de un modo u otro, casi siempre está enredada con la gente Lo demás es, sobre todo, incidental y, hasta cierto punto, controlable.

Ahora, ya sea que tengamos contacto directo o indirecto con la gente, está visto que las personas, bajo cualquier circunstancia, en realidad son, literalmente, nuestra propia creación. Son un juego de la mente (*maya*) y son inexistentes. Con la maduración de este conocimiento se va haciendo más posible dejar que mueran justo donde nacen. En lugar de traerlas al mundo y enredarnos con ellas, ya podemos mandarlas a la paz y la liberación... y a su nirvana.

Tras unas cuantas semanas de tranquila reflexión, la Mente se hundió de nuevo en una investigación intensiva. En general, se trató de la revisión del conocimiento alcanzado durante los meses anteriores pero, por primera vez, dio un giro metafísico. Los skandhas fueron puestos al frente y sometidos a una investigación con una intensidad tal como nunca antes había experimentado.

La investigación se centró, principalmente, en las *viññanas* o conciencia. Cada conciencia era diseccionada y totalmente investigada, hasta su relación con el mundo exterior. La energía mental empleada habría de dejarme exhausto pero era imposible descansar. Hasta la menor pregunta que viniera a la mente tenía que ser respondida. Nada podía dejarse fuera ni pasarse por alto. Hasta que todo fuera contestado y completamente digerido sería imposible continuar.

Aquí, quisiera expresar mi gratitud eterna al libro de Suzuki, *Estudios en el* sutra *Lankavatara*, el cual tuve la fortuna de encontrar en ese momento. Éste me ayudo a orientarme dentro de estas investigaciones en especial. De ninguna manera fue un período intelectual, sino uno de profunda percepción en distintos niveles; tantos que, a veces, era necesario examinarlos todos con cuidado, viendo cada percepción como una pieza de un rompecabezas gigante, la cual debía encajar de un modo armónico y perfecto. También es apropiado expresar aquí mi gratitud a la maravilla de las escrituras budistas en general, que tantas virtudes tienen pero ninguna tan grande como la de ofrecerse a sí mismas a quien necesita su ayuda para clarificar y para ir "poniendo una palomita" a las percepciones, al afirmar su autenticidad.

Es por estos días, a mitad de los bhumis o etapas, cuando se ven las dos grandes filosofías del mahayana: la de la escuela yogachara y la de la madhyamaka. Los maestros que nos dieron estas grandes enseñanzas no las inventaron a partir de su sabiduría, sino que con esa sabiduría e inteligencia articularon y formularon lo que se ve en esta etapa. Todo se aprecia con mucha claridad en este momento, como parte del despliegue natural de la visión clara.

Este intenso período habría de llevarme hasta la mitad de 1983. La percepción en esta etapa se completó cuando todo se hubo digerido y "puesto en su sitio". No es una digestión intelectual, sino algo más parecido a la sensación que viene después de consumir una comida que te deja satisfecho. Lo único que te queda por decir, poniendo las manos en la panza, es "¡ahhh!"

SEXTO BHUMI

Pronto empezaría la sexta etapa de la bodhisatveidad, con un período de investigación dentro del *paticcasamuppada* que, comparada con ésta, hacía que la investigación anterior pareciera totalmente insípida.

Un día, durante la meditación, vino una honda percepción dentro de la realidad de la mente. Fue tan profunda esta percepción que "jaló el gatillo" que desató una investigación total y exhaustiva dentro de la construcción de la rueda de la causalidad. Fue una investigación que duraría ininterrumpidamente un año y medio y abarcó el tiempo en que dejé los hábitos.

La Mente investigadora y observadora acomodaba la rueda en el ojo de la mente y comenzaba a darle vueltas con lentitud. Entonces, investigaba cada sección conforme iban pasando, a veces, habitando ciertas partes y, a veces, toda una sección. Esta investigación fue profundamente intensa e infatigable, al grado que no se paraba a fijarse en la postura, ni siquiera para dormir.

Debo insistir en que era algo que nada tenía que ver conmigo. ¡No tenía yo control de ninguna forma sobre ese patrón o sobre la naturaleza de la investigación! Era un proceso natural en el que yo sólo era un pasajero que se dejaba conducir en una travesía dentro de los misterios del Buda.

El foco que utilizó la Mente para investigar la rueda fue la naturaleza dualista de la mente. En cada sección se iba viendo que no sólo todo es una creación mental, sino que además es dualista por naturaleza; una serie de opuestos. No hay entidades que se sostengan solas, de manera independiente, como nuestra mente nos lo ha hecho creer, sino dependientes unas de otras, no sólo para sustentarse sino para poder existir. Cada una es la mitad de un par y no sólo sostiene a su pareja sino que, juntas, son la mitad de otro par y, así, infinitamente. Cada eslabón depende de otro y lo sustenta. La "realidad" queda gravemente socavada tras esta percepción. La Mente se la pasaba "borrando del mapa" a la mitad de algún par para ver como su compañera se desvanecía, lo cual, a su vez, vulneraba al siguiente eslabón.

No se trataba nada más de destruir un vínculo para ver desmoronarse a todos los demás como si fueran fichas de dominó. No es algo tan sencillo porque la Mente, aunque conoce la verdad, aún sigue cayendo en la trampa de creer que las cosas son reales y son dharmas independientes. Una eternidad creando hábitos no cede tan fácilmente. De modo que tiene que cavar más y más, con persistencia, sin detenerse, hasta llegar al fondo de una investigación en particular. Sólo entonces puede soltar la ilusión y despabilarse del sueño.

La investigación marcaba círculos precisos: cuatro días de investigación dentro de un aspecto de la rueda, llegando a su clímax con la comprensión y después soltando. Luego, tres días de descanso, durante los cuales la Mente se rejuvenecía antes de lanzarse dentro de un nuevo ciclo. Era como pelar una cebolla. Una vuelta y otra vuelta, una capa y otra capa, cada vez más profundo dentro de los misterios del samsara. Un asombroso proceso que, paulatinamente, desmantelaba cada "tuerca, perno y rondana" que mantenían unido a este mundo que todo lo abarca.

Durante este tiempo, casi como un espectáculo alterno, la Mente, al ser tan nítida y brillante, seguía arrojando percepciones que no tenían una relación directa con la investigación de la rueda. Era algo, en realidad, destacable. Para dar una imagen más completa, era como si la Mente estuviera puliendo tantas percepciones al llenar los pequeños huecos.

Cuando la visión clara maduró en esta etapa, después de todos estos meses, el proceso de investigación de la rueda se apagó. Fue una especie de alivio al final, ya que había implicado un ejercicio mental incesante. Como nada de eso dependía de mí, nunca pude tomar un descanso para dejar en paz a la mente. La Mente no paraba, ni siquiera en sueños. A veces, la percepción abordaría los sueños o, simplemente, fluiría sin imágenes. ¡Por si eso fuera poco, la Mente me despertaba a mitad de la noche, para seguir investigando!

Dada la naturaleza de este tipo de investigación, cada vez que terminaba un sector yo sentía que "¡por fin! ¡Se acabó! Ya pronto empezará el siguiente bhumi" y a ello me apegaba, pero comenzaba un nuevo ciclo y, con él, venían dolorosas sensaciones de dukkha o sufrimiento, porque nomás no terminaba. En esto se alcanzó una profunda percepción dentro de la naturaleza del apego.

Podía ver como la mente se aferraba automáticamente a la visión clara y al "avance". A pesar de tantos meses de desengaño, sabiendo que esto no era más que apego y que de ello sólo podía provenir el sufrimiento, la mente no dejaba de reproducir ese patrón. Vi que el apego no es otra cosa que un impulso automático e inevitable. Ni siquiera la visión clara lo puede eliminar.

Los apegos son impulsos kármicos que actúan desde hábitos que se han formado hace mucho, mucho tiempo y está más allá de la voluntad el poder detenerlos. Por lo regular, nos van jalando eternamente. Lo maravilloso de la práctica del Dharma es que podemos aprender a encausar ese deseo del apego y usarlo de un modo positivo, conteniendo esa fuerza hasta que se amanse y se consuma lo que se aferra. ¿Y qué es lo que se aferra? Es la noción del "yo". Este sentido del "yo" es el más cercano aliado del apego. De hecho, son bastante inseparables. Se nutren y se sostienen mutuamente. Si alguna vez, en verdad, muriera el impulso del apego, con él moriría también el "yo". Me parece importante no caer en la trampa de pensar que el apego es una especie de pecado y que uno debería sentirse avergonzado o culpable por ello.

A veces siento que algunas personas usan este tipo de "fallas" como los cristianos podrían usar el concepto del "pecado original", para inculcar un sentido de culpa. El apego es tan natural como el sol que sale por la mañana y casi igual de inevitable. Mantente en guardia y siempre vigilante. Aprende a identificarlo, contenlo y utilízalo, porque es un precioso combustible para la práctica. Sin él no hay práctica. La fuerza del apego le da vida y filo a la práctica, así que hazte su amigo. Cuando el apego en verdad se transforma es el Buda mismo.

Se completó la percepción en esta etapa y siguieron 18 meses durante los cuales no pasó gran cosa. La mente volvió a ser bastante ordinaria y me venía la idea de que mi punya, o mérito, estaba ya agotada y que la marcha por el sendero había terminado.

Fue en junio de 1986 cuando, de pronto, como de la nada, algo vino y disipó una gran carga kármica y, con ella, se llevó un velo que cubría la vista. Otra vez, afloraron sentimientos de inmensa alegría cuando se presentó la percepción dentro de la profunda vacuidad, que anunciaba la entrada a la séptima etapa de la bodhisatveidad.

Séptimo bhumi

Estoy renuente a entrar en muchos detalles acerca de esta etapa, por la sencilla razón de que está incompleta. Lo que puede decirse es que, hasta ahora, ha sido la etapa más larga. Ya van 11 años.

En términos generales, es la reunión, mediante la visión cabal, de lo "exterior" y lo "interior". Las primeras etapas tuvieron que ver, ante todo, "conmigo" como persona que vive dentro del cuerpo que es "yo y mío". Las etapas posteriores concernían al "otro", el mundo exterior de gente y objetos. La presente etapa está ocupándose de la fusión de aquéllas, lo cual muestra que lo interno y lo externo (el sujeto y el objeto) son producto de la mente y que fuera de ella no tienen realidad. Esta fusión sólo es posible con la introducción del la profunda vacuidad, que destruye la noción de que todo es sólido y real. Cuando esa noción se elimina "todo" se funde en uno, como se apreció con la percepción clara.

Todo aquello que se vio durante las etapas pasadas ha sido un proceso de observación que realizó la Mente. Fue un desarrollo profundo y maravilloso de sabiduría dentro de la ignorancia y de lo ilusorio y una apertura dentro del inimaginable milagro de la vida. Mas, en esencia, ha sido una sabiduría que observa. Conforme se avanza por la séptima etapa, esa Mente que observa, cargada de comprensión, tiene que "retroceder" ahora dentro de sí misma, olvidándose de sí y, por lo tanto, entrando en lo que nunca puede saber. En el zen hay un koan que dice, "¿antes de pensar en bien o mal, cuál es tu verdadero rostro?" Ahora la Mente, con atención consciente, retorna antes de que surjan "bien o mal" y se vuelve la espontaneidad de la forma y comienza a vivir totalmente sin conocerse a sí misma. Toda sabiduría (Mente) tiene que morir, junto con cualquier cosa que quede (mente), disolviéndose en la sinceridad y llevando una vida normal de una manera espontánea. Cuando todo esto haya madurado, hasta ello debe desaparecer porque, entonces, se entregará en el "círculo vacío".

Conclusión

Éste es el relato del extraordinario recorrido que se emprendió y, ahora, siento que ha llegado el momento de comunicarlo, para estimular e inspirar a quienes quieran aprovecharlo con respecto a su propia práctica. La mayoría de los que andan por este sendero lo encubren en sus enseñanzas y si se refieren a él lo hacen de manera ocasional y, generalmente, a través de claves. Lo pensé mucho antes de decidirme a escribir esto y ponerlo en el papel de un modo tan abierto. No fue una decisión apresurada. ¡Después de todo, es algo que se ha estado desarrollando durante los últimos 16 años!

El Dharma es nuevo para los occidentales y ya hay muchas "prácticas" cuestionables. El recorrido sobre el cual acaban de leer es verdadero y correcto. De ninguna manera es la creación de una mente embrollada. Me gustaría creer que quienes lean esto ganarán en inspiración y que les servirá para dedicarse a la práctica o para redoblar sus esfuerzos.

Lo que aquí ha sucedido le ocurrió a un occidental y no a un oriental misterioso, sino a un tipo común, de clase obrera, con una inteligencia promedio y una preparación escolar de lo más normal, que anda por ahí con tanto 'bagaje' como la mayoría de los occidentales, que tuvo el buen karma de encontrar a una maestra que conocía el camino y que desde el primer día que llegó a la práctica se comprometió consigo mismo a hacer su mejor esfuerzo, sin ninguna ambición, de una manera consistente, sin titubeos, con una determinación que no tiene por qué verse exteriormente, como una persecución mundana. No como ese tipo de determinación terca que se ve desde fuera (y que tanto admira el mundo), sino con una serena determinación interior, que en su mayor parte está oculta y no se muestra.

Tampoco crean que sólo las personas que pertenecen a una orden pueden lograr la percepción. Esto no es cierto. Yo vestí los mantos (y lo hice como novicio) nada más durante uno de mis seis años y medio de práctica antes de "retornar al origen". Uno puede practicar muy bien dentro de su vida laica. Lo que importa no es la apariencia exterior sino la práctica verdadera y el compromiso. Este compromiso tiene que ser total y consistente y nunca una obligación. Busca un maestro que haya caminado el sendero y ponte en sus manos. Si en verdad es tu decisión, no hay otra forma.

Y PARA TERMINAR...

Quiero finalizar entregándoles el secreto del despertar.

En el *Mahasatipatthana Sutta* dice: "Cuando camines, sé consciente de que estás caminando; cuando estés de pie, sé consciente de que estás de pie; cuando estés sentado, sé consciente de que estás sentado; y cuando estés acostado sé consciente de que estás acostado". Esto significa que todo el tiempo debemos tener atención consciente y conocernos en cualquier cosa que estemos haciendo. Lo importante no es lo que estás haciendo, sino que lo sepas. Con ese conocimiento "estás en casa". Conoce tu actitud corporal, conoce tus pensamientos y conoce tus respuestas emocionales. En este conocimiento no hay nada más que debas hacer, sólo saber, mientras estás en casa. No te juzgues ni te etiquetes, sólo date cuenta mientras estás en casa y acéptate sin reacciones.

Es como cuando se forja una espada, mientras esa espada todavía no es una espada. Para que de verdad sea una espada, la hoja debe tener un filo cortante. De lo contrario, sólo será una cosa inservible. Ese filo agudo será la sabiduría y sabiduría significa desarrollar la percepción dentro de todo tu ser, conocerte mientras estás en casa y aceptarte en cualquier postura. Esta sabiduría tiene que afilarse. Se afila mediante el desarrollo implacable de la práctica de la visión cabal, la cual hay que aprender con un maestro. Mientras te

esfuerzas en la práctica, sólo el maestro será capaz de guiar-
te a través de la oscuridad, cada vez que tu karma venga a
obstruirte el camino.

¿Se puede decir que la hoja de una espada y su agudeza
son entidades separadas? ¡Claro que no! ¿Cómo puedes tener un filo sin espada? Sólo cuando ambos son uno, tienes
ya una espada.

Si has entendido todo esto, queda sólo un ingrediente
más por conocer: el compromiso total con el camino. Su-
mérgete por completo en el Dharma, zambúllete en él como lo harías en una piscina de agua fresca un día de verano
¡y nunca más te salgas! Haz que sea la prioridad en tu vida.
Sumergirte quiere decir desarrollar una mente unidireccionada, "permanecer en casa". Esta maduración se puede efectuar en diversos niveles. Puedes, sencillamente, pensar en el
Dharma o hablar de él o leer acerca de él (con tal que lo que
leas sea útil para la práctica). En los momentos de quietud
contempla el Dharma. En lo profundo de la meditación habita en él. Desarrolla una mente unidireccionada y con una
idea sostenida y hazlo siempre de un modo consistente. Sí
permites que se desarrollen estos aspectos ya estarás practicando el Dharma con absoluta sinceridad. Eso es todo, no
hay nada más. Cuando la espada en verdad esté afilada cor-
tará la "raíz pivotante" de la ignorancia... y nada tendrá que
ver lo que tú opines.

SEGUNDA PARTE

ENTREVISTA CON DAVID SMITH

La primera vez que leí el relato que hace David Smith de sus experiencias de percepción dentro de la realidad y de su práctica del sendero del bodhisatva tuve una mezcla de reacciones. Hasta donde estaba calificado para emitir un juicio, la descripción de sus experiencias sonaba completamente cierta. Me inspiraba pero también me intrigaba. ¿Era posible que alguien que parecía, en definitiva, ser un occidental como cualquier otro, un jardinero londinense que gozaba del supremo y cotidianísimo nombre de David Smith, hubiera en verdad llegado tan lejos en su andar por el sendero budista?

Asimismo, David había escrito su relato manteniendo, de manera deliberada, los detalles autobiográficos a un mínimo, de modo que la secuencia del desarrollo de sus experiencias de percepción sobresaliera lo más claramente posible. A la vez que podía apreciar por qué él lo había hecho así, deseaba conocer más sobre su pasado y su vida, para darle contexto a sus apuntes.

Así pues, a finales de 1988, arreglé una cita con David, para hacerle las preguntas que su texto me había generado y que, según sospechaba, podrían ser de interés para otros lectores. Fui hasta su departamento en la parte este de Londres y me encontré con un hombre de unos cincuenta y pocos años, que me dio una bienvenida muy amable. Una perso-

na atenta, modesta y que parecía de lo más común, hasta
que empezamos a platicar sobre la meditación, la percepción y el sendero budista. De estos temas hablaba con un
gran compromiso y total convicción. Lo que encontrarán a
continuación es una transcripción editada de nuestro debate.

VESSANTARA: Eres, en muchos aspectos, un occidental como
cualquier otro, pero has tenido esta experiencia espiritual tan profunda. Será inevitable que los lectores tengan
un interés por saber quién eres tú y cómo ha sido tu vida. Quizá, podrías empezar por contarnos dónde nacis-
te y un poco sobre tus primeros años.

DAVID: Nací en Oxford, en 1946. Mi padre fue obrero de la
industria automovilística. Me educaron como católico
romano, tuve una educación normal y aprendí cerrajería
cuando dejé la escuela. Además de participar en carreras
de motocicletas durante un par de años, no tengo gran
cosa que decir acerca de los primeros 25 años de mi vida. En 1971, dejé mi hogar y fui con mis amigos a Australia. Era la primera vez que me encontraba lejos del
lugar donde nací y comencé a probar el mundo y sus de-
licias. A diferencia de muchos que viajan para "encon-
trarse consigo mismos" o para darle sentido a sus vidas,
yo viajaba por la emoción y la aventura. Me la pasé muy
bien en Australia, viví en una casa muy grande en Sydney,
junto con muchas personas que venían de otras partes
del mundo. Aprendí a tocar la batería y me uní a una
banda de rock and roll. ¡Qué buenos tiempos, de veras!

VESSANTARA: Cuando una mira hacia atrás, a los primeros
años de su vida, por lo general, puede ver algunas claves
que denotan el rumbo que con el tiempo habría de to-

mar. ¿Crees que en tu temprana juventud hubo algunos signos de lo que habría de venir?

DAVID: Algo que siempre he recordado es cómo acostumbraba reflexionar acerca de mí mismo, pero mucho, cuando era un muchacho de unos 11 o 12 años. Pasaba un largo rato preguntándome cosas sobre esta persona, "David" y, sin embargo, nunca lo pude hallar. Eso me intrigaba tremendamente. Estaba esa persona en mi interior que, evidentemente, era muy sólida, participaba del mundo y recibía lo que éste le daba, en verdad pero, aun así, jamás pude encontrarlo. Eso me fascinaba, incluso a esa edad. Además, cuando era niño, solía pensar: si en verdad existo dentro de mi cabeza y estoy seguro que así es, ¿por qué no puedo "yo" tocar las paredes de mi cabeza? ¿Por qué no puedo sentir cómo ando dentro de mí mismo? Y, cuando estoy cansado mentalmente, ¿por qué no puedo sentarme y ya, dentro de mi cabeza y descansar? Mas no pasaba de eso, hasta que cumplí los 25 y me encontré con el budismo.

En cuanto a la religión, crecí siendo católico romano, como dije antes. Fue algo que me pareció terriblemente opresivo y terminé rechazándolo cuando dejé la escuela, a los 15 años. Después de eso, no tenía grandes aspiraciones espirituales, aunque sí creía en Dios, a pesar de que ya no era cristiano. Pensaba que alguien o algo debía de haber hecho todo esto, pero tenía mis propias ideas y pensamientos, como, por ejemplo, si sólo teníamos una vida y de qué manera encajaba eso con las terribles inequidades e injusticias que hay en el mundo. En esencia, trataba de encontrarle sentido a todo eso, pero no fue sino hasta que me encontré con los libros budistas, por pura casualidad, cuando descubrí que no era la única persona que tenía esa clase de pensamientos. Ese descubrimiento fue maravillosamente estimulante. O sea que no estaba solo. Fue un gran alivio y no porque anduviera en busca de algo, sino porque se sentía bien que algo confirmara mis sentimientos e ideas.

VESSANTARA: ¿De qué manera afectó a tu vida leer esos libros sobre budismo?

DAVID: El primer libro de budismo que leí fue uno de Alan Watts y se llamaba *El Libro*. Casi lloré cuando lo leí, porque fue como si lo hubiera escrito yo mismo. Como dije, fue una inmensa alegría descubrir que, lejos de ser el único que tenía esas ideas, alguien se me había adelantado, ¡sólo por 2,500 años! No andaba buscando nada "más" pero, como quiera que fuera, esa revelación cambio mi vida.

Leí algunos libros más y decidí que ya era suficiente. Tenía que asumir una práctica del Dharma. De todas las escuelas, la que más me atraía era el zen, así que decidí buscar un maestro. Escuché que había maestros en Inglaterra y, entonces, decidí regresar a mi hogar, buscar un maestro y dedicarme a practicar seriamente.

Retorné a Inglaterra pasando por Norte, Centro y Sudamérica, en un viaje que duró un año. En este tiempo, seguí almacenando más conocimiento sobre budismo y también aprendí de las enseñanzas de Krishnamurti, que me parecieron muy útiles. Creo que suponía que tenía que llegar al fondo de todo esto, debido a mi instantánea afinidad con la filosofía y las enseñanzas del budismo. Era la primera vez en mi vida que había algo significativo a lo que me pudiera entregar y fue ése mi ímpetu original al abordar la práctica budista. Me parecía algo digno de hacer, en lugar de pasar la vida revoloteando por el mundo, totalmente confundido y enojado con casi todo lo que sucedía, para ser honesto.

VESSANTARA: ¿Fuiste capaz de sostener ese ímpetu cuando, al fin, regresaste a Inglaterra?

DAVID: Regresé en 1974 y casi de inmediato encontré a quien, entonces, era la bibliotecaria de la Sociedad Budista aquí, en Londres, la doctora Irmgard Schloegl. Tenía poco de haber llegado de Japón, donde tuvo un entrenamiento de muchos años y, recién, comenzaba a dar sus propias clases de zen, a las que me inscribí. Estuve con este grupo cinco años y medio, antes de ir a Sri Lanka y tomar los hábitos. Siempre estaré muy agradecido con mi maestra por el entrenamiento que me dio durante ese tiempo. Me enseñó a mantener los pies en el piso y a comprometerme seriamente con el adiestramiento. Ella enfatizaba en la práctica diaria, sobre todo, porque esto es lo que da solidez y permite que se desarrolle una fortaleza interior, que es esencial. Es esta fortaleza la que nos hace posible entregarnos y sostenernos ante nuestras propias fuerzas kármicas, que surgen durante el entrenamiento.

VESSANTARA: ¿Cómo fueron tus primeras experiencias con la meditación? ¿Te resultó fácil?

DAVID: Me pareció muy difícil lograr la postura física y sufrí mucho en ese aspecto. Durante un año y medio estuve contando mi respiración como una práctica de concentración y me pareció difícil, como supongo que le pasa a la mayoría, pero seguí con ello. Uno conoce a tantas personas que empiezan a meditar y, después de algunas semanas, como no consiguen lo que esperaban o creen que ellos no pueden, se aburren y quieren probar otra cosa. Ése es el error fundamental en la práctica del Dharma. La primera y la última regla es seguir con ello. Esta regla vale para la meditación, para la práctica diaria, para tu maestro y para cualquier otra cosa que se te ocurra. Toda la práctica consiste en aguantar, de una manera consistente y mesurada, no importa lo que pase, en las buenas y en las malas, a través de la luz y de la oscuridad, de la sabiduría y de la ignorancia. Nunca hay que cansarse de decir esto.

Si tienes la suficiente fortuna de tener un maestro en quien confíes y él te dice que hagas determinada práctica, hazlo y mantente en ello. La aceptación es fundamental. Aunque te vengan a la mente cientos de razones por las que deberías cambiar: "ya tengo seis meses contando respiraciones, nomás no consigo pasar del tres, está claro que esto no me está funcionando...". Tu mente siempre vendrá con una nueva razón para hacer un cambio, a veces sus razones son muy evidentes, a veces muy sutiles. Siempre estará buscando el modo de hacer que te desvíes y es por eso que es tan importante perseverar. Yo me mantuve en ello. Estuve un año y medio contando mi respiración antes de que se me diera un koan y, con éste, mi primera incursión dentro de la práctica oficial de la percepción, aunque, a decir verdad, muchas veces andaba mi mente por ahí, merodeando, en lugar de hacer lo que se suponía que me tocaba, mi ejercicio de concentración. Siempre me ha parecido muy difícil parar a mi mente cuando se pone a investigar.

Sufrí períodos de tremenda oscuridad en esta etapa de mi vida y si aguanté fue gracias a esta fortaleza interior que se estaba desarrollando y, también, gracias al amable apoyo de mi maestra. Fue en ese tiempo cuando, en realidad, tuve mi primera experiencia espiritual en el sendero y de ello hablo en el texto. Fue esa experiencia la que me habría de seguir sosteniendo en el futuro y jamás me dejaría abandonar la práctica. Sin embargo, el último año y medio que estuve con el grupo las cosas marcharon muy suavemente y no ocurrió nada relevante.

VESSANTARA: Entonces, ¿qué te motivó a dejar ese grupo, salir de Inglaterra y recibir la ordenación dentro de la tradición theravada, en Sri Lanka?

DAVID: En 1980 tomé mis segundas vacaciones en Sri Lanka, un país del que me enamoré en mi primera visita, dos años antes. Aquella primera vez tan sólo estuve de paseo pero, en esta ocasión, decidí pasar algún tiempo en una vihara, para sentir el sabor de una tradición de la cual no sabía nada. Durante el tiempo que estuve en un templo en el bosque, en Kandy, conocí a un joven monje que hablaba francés y que vivía ahí. Él me llevó a conocer a su maestro quien, entonces, se estaba quedando en un templo cercano. Así fue como conocí al venerable Dhammaloka Maha Nayaka Thera, el cual habría de ordenarme y convertirse en mi maestro. El Maha Nayaka era tan conocido y apreciado en su país que cuando murió, en 1982, se le hizo el inusitado honor de brindarle

un funeral como si se hubiera tratado de un gran esta-
dista. Era famoso por sus pláticas sobre el Dharma en la
radio y porque era el maestro de muchos jóvenes que,
con el tiempo, se convertían en líderes de su país. Él vivía en la ciudad y trataba directamente con los laicos, pero tenía una profunda sabiduría que se había nutrido a
través de muchos años de práctica en solitario, durante
su juventud. En particular, me inspiró su calidez. Tenía,
además, un estilo muy ligero y muy buen sentido del humor, con una risa tan contagiosa que siempre recordaré.

En una de las visitas que le hice, él estaba recostado en
un sillón. Yo le daba un masaje a sus doloridas piernas y
conversaba con él. De repente, saltó, se puso de pie y me
dijo, medio en serio y medio en broma, que me iba a dar
la ordenación. "¿*A mí?*", pensé. ¡Cómo crees! ¡No estaba
interesado en semejante idea! Y, sin embargo, mientras
lo rechazaba como si fuera una idea absurda, había algo
en mí que sí lo estaba tomando en serio. Algo que ya sabía que, a pesar de mis protestas, se saldría con la suya.

VESSANTARA: Como evidentemente lo hizo. ¿Qué fue lo que
equilibró la balanza?

DAVID: Durante varios días y semanas, ya de regreso en Inglaterra, estuve pensando en eso. ¿Por qué habría de hacerlo? Estaba feliz en mi departamento de Londres y
muy a gusto con mi entrenamiento zen. ¿Por qué iba a
dejar mi vida, viajar al otro lado del mundo, afeitarme la
cabeza y vestir los hábitos de una tradición de la que no
tenía ni la más pálida idea ni el menor deseo de formar
parte de ella?

En el texto he tratado de señalar que la respuesta radica en la relación que tengo con el Dharma. El vivo y siempre presente Dharma sólo puede tocarse con el lado intuitivo de nuestro ser. Es una intimidad con algo cálido y sabio, con un flujo misterioso que lo es todo y, al mismo tiempo, se trata de algo profundamente personal. Es una relación que se había estado desarrollando desde que comencé mi práctica, si no es que antes. Era una intimidad a la cual había aprendido a entregarme. Siempre que el Dharma me presentaba un nuevo giro en mi vida, yo hacía de tripas corazón y me dejaba llevar, aunque a veces pareciera que iba contra la sensatez y la lógica, ya que nunca me había fallado y resultaba para bien. Ahora, cuando el camino señalaba hacia Sri Lanka, era una de esas ocasiones.

Podía pensar en muchas razones para no ir y en ninguna buena para ir. Ninguna, excepto que el Dharma estaba señalando de nuevo en esa dirección. Al final, dejé a un lado mis dudas y temores. Dejé mi departamento y mi trabajo, vendí y regalé todas mis posesiones. Dejé a mi familia, mis amigos y mi grupo de zen y allá voy, al centro de algo de lo cual no podía formarme siquiera una fantasía o algo que esperar, con tan sólo una pequeña mochila que contenía todo lo que ahora poseía en el mundo.

VESSANTARA: ¿Y qué fue lo que encontraste al llegar a Sri Lanka?

DAVID: ¡Vaya! Pues fui ordenado como novicio en Colombo al poco tiempo de mi llegada y pasé los siguientes meses, varios meses, en el templo de la aldea de mi maestro, a buena distancia de la capital. Fue un período difícil, ya que vivía en un pueblo pobre, donde no había suficiente comida nutritiva. A menudo, ni siquiera había suficiente comida de la que fuera. Adelgacé mucho y me enfermé y casi había decidido ya dejar todo eso y regresar a Inglaterra cuando, entonces, mi maestro me dio una medicina bastante milagrosa, una vez que fui a visitarlo a Colombo y, después de un corto tiempo, recobré la salud. Posteriormente, me mudé a la Ermita de la Isla, al sur del país, un lugar al que pronto le tomé cariño a pesar de las condiciones tan severas. Es en este punto donde comienzo a contar mi historia.

Al principio, tomé la determinación de vestir los hábitos sólo por un año y, al cumplirse ese lapso, decidí extenderlo a tres años. Fue justo después de mi primer año cuando ocurrió el "avance" que describo. Sin embargo, permanecí ahí, como me lo prometí, hasta cumplir los tres años. Después de eso, decidí no extender ya más mi estancia y dejé los hábitos en el tercer aniversario de mi ordenación.

Visto desde fuera, los tres años que vestí los hábitos parecen un acto muy calculado. ¡Si así fuera, ha sido el Dharma el que lo hizo! En ningún momento, desde que practico el sendero budista, los giros y retornos que he tomado han sido instigados por mí y eso incluye los cambios de tradición. Creo firmemente que si uno es serio en su práctica debe encontrar una tradición y un maestro en quien confíe y permanecer con ellos en las duras y en las maduras. He visto a muchos occidentales "tomar y revolver" su práctica y eso no funciona. Si yo hice un cambio no fue por andar de inquieto o porque creyera que me vendría bien un cambio, sino por las razones naturales que he tratado de señalar. Mas, para mí, la gran interrogante en ese momento era ¿por qué tendría que haberme señalado el Dharma el camino hacia Sri Lanka, para empezar?

VESSANTARA: ¿Y llegaste a alguna conclusión?

DAVID: He reflexionado mucho sobre esto. Estaba feliz con mi práctica en Londres. Nunca albergué el menor deseo de convertirme en monje y no tenía ninguna intención de abarcar el theravada. No obstante, estaba claro que era el deseo del Dharma que así lo hiciera y, como lo demostraron los siguientes acontecimientos, el Dharma estaba en lo cierto, como siempre. Con apenas unos pocos meses en Sri Lanka, el Dharma comenzó a fluir a través de mí. Una y otra vez habría de preguntarme "¿por qué?" Como lo he dicho en mis notas, el cambio a la práctica de la percepción disparó ese flujo, pero me parecía evidente que había algo más que constituía un factor más grande. Sobre ello reflexioné a cada rato hasta que vi clara la razón. Se debía a que, por fin, me hallaba libre de la opresión que el zen que había practicado impuso sobre mi espíritu. Fue por eso que el Dharma me llevó al subcontinente.

La práctica del Dharma es la práctica del camino medio. Eso significa que hay que encontrar un fino equilibrio entre los opuestos, que son una práctica rígida y opresiva, por un lado y una floja y sin compromiso, por el otro. En verdad, es muy difícil lograr ese balance entre ambas pero, a menos que uno lo encuentre, no será posible progresar en el sendero. Para mí, en mi práctica, el problema había sido una opresión del espíritu. El tipo de práctica que había seguido era tan estrictamente controlado que el corazón se hallaba limitado y se sofocaba, como si tuviera una camisa de fuerza. El Dharma innato dentro de mi corazón no podía "respirar" ni fluir. Es fácil impedir que el Dharma se libere desde el centro del corazón. Basta con una capita de ignorancia y la opresión es un aspecto de la ignorancia. Sin embargo, cuando cede la ignorancia y se suelta el Dharma, éste fluye con tal fuerza que nada puede resistirse ante él.

Llegué a esta vida con el mérito maduro, listo para fluir y, en verdad, creo que cuando llega ese momento nada lo puede detener. Es un karma inmensamente poderoso que, con la ayuda del Dharma (si es que se puede decir que son dos) encontrará su camino al triunfo, no importa lo que ocurra. Ese bloqueo opresivo se disipó cuando el Dharma, en su sabiduría, me llevó tan lejos, a Sri Lanka.

VESSANTARA: Sólo para completar la historia, ¿qué sucedió cuando dejaste los hábitos?

DAVID: Los dejé en 1983 y volví a Inglaterra, después de hacer una breve peregrinación por Bodhgaya y Sarnath. Ahora trabajo como jardinero, que es lo que ha constituido mi subsistencia y mi campo de entrenamiento durante muchos años. Vivo sólo aquí, en mi departamento, en el lado este de Londres y sigo practicando con la misma determinación interna de siempre. Durante años he buscado "buenos amigos", porque creo que tener cerca a personas que piensen como tú es esencial para la práctica, para tener apoyo e inspiración. Es un requisito que, con frecuencia, se menosprecia y se pasa por alto. A pesar de ello, muchos años, desde mi regreso he practicado solo, básicamente, aunque al volver me quedé un tiempo con mi antigua maestra y también he pasado dos períodos en el Monasterio Budista Theravada de Amaravati, en el norte de Londres, como jardinero residente.

VESSANTARA: Ahora, volvamos al texto. Para empezar, ¿podrías explicar, brevemente, cuál fue tu plan al escribirlo?

DAVID: He tratado, lo mejor que pude, de expresar mis experiencias en la vida espiritual. Lo que lees en ese texto es el relato de una experiencia de vida y, ahí, procuro darte toda esa experiencia. Cuando leo relatos de las escrituras, me parece que están trabajados de tal manera que obtengas una especie de explicación bidimensional a la comprensión de la percepción. Nunca se incluyen las paradojas ni las luchas del practicante, así que te pintan un cuadro de sencillez y facilidad o de magia y misterio, pero esto "deshumaniza" la práctica y crea una imagen como de un ser especial que está más allá de lo que somos, ánimas que sufren y batallan. En esta obra, toda mi intención ha sido plantear esa lucha y ponerla en el papel, para que se entienda y para hacerla accesible al practicante común. Es posible que al hacerlo así me falte juicio y quizá contribuya a destruir imágenes que inspiran a otros, pero sólo quiero ofrecer una descripción completa y honesta.

Lo que ahí leen son las palabras de un occidental que vive a finales del siglo veinte, en un lenguaje que, espero, la mayoría de la gente entenderá y se relacionará con él. Como estoy hablando de mi propia experiencia, no tengo que recurrir a la imaginería tradicional o utilizar la manera de hablar de otras personas para expresar lo que quiero decir. Tampoco me limitan sus conceptos e ideales ni la forma en que otros piensan que esto debería expresarse. Tengo la libertad de ser yo mismo.

VESSANTARA: Cuando leí el texto me pareció que lo que hacías era distinguir entre lo real y lo ideal, de manera que estabas creando algo así como una carta naval y no tanto un folleto vacacional, por decirlo así. Lo que necesitas que te indique una carta de navegación es que ahí hay una bonita bahía pero allá hay algunas rocas. Si no hablas de las rocas de nada servirá para quien trate de navegar en la misma dirección que tú has ido.

DAVID: Es una buena comparación, en cuanto clarifica lo ideal y lo real. Lo ideal es lo que normalmente se describe en las escrituras, creando así una imagen como de "folleto vacacional". Lo que mi texto describe es la realidad del trayecto rumbo a ese estado final. Una de mis principales razones para haber escrito esto fue traer ese ideal tan elevado al plano de los practicantes comunes, de modo que pudieran identificarse con algunas de mis experiencias y extraer el conocimiento que pudieran incorporar a su propia práctica. Ésa es la mera base de este trabajo.

Empleo el "modo de hablar occidental" para contar toda la historia, con pelos y señales. Puesto que mi relato transmite una experiencia personal tiene que incluir las peleas, los temores y las confusiones. De otra forma no sería auténtico. Si sólo hablara de los aspectos buenos y puros crearía una imagen que no cabría en nuestras mentes occidentales, educadas, mundanas y, ciertamente, cínicas. Es por eso que me gusta pensar que mi relato está bien asentado en la tierra y que, por lo mismo, es accesible.

VESSANTARA: ¿Cómo crees que la gente debería tomar tu relato?

DAVID: Primero y lo más importante es que espero que las personas disfruten leyendo mi historia y la encuentren útil para su práctica. La he entregado tal como es. Espero que no haya mucha confusión con una mezcla de las principales tradiciones: zen y theravada, ni con el lenguaje y los conceptos que uso. Si tratara de separar a ambas tradiciones estaría corrompiendo el relato y destruiría su integridad. Lo que leerán es precisamente el modo como el Dharma se me manifestó, así que debo presentarlo de esa forma, para que sea genuino. Espero que esta mezcla natural demuestre que, en esencia, el camino del Buda es común a todas las escuelas y que mi historia ayude a traer a esas escuelas un poco más cerca, para que todos podamos, simplemente, practicar el Dharma del Buda.

VESSANTARA: Algunas personas, después de leer el manuscrito, podrán objetar que hay una especie de arrogancia en tu afirmación de haber alcanzado tal logro espiritual. ¿Cómo responderías a esas críticas?

DAVID: A nadie se le puede probar jamás que se ha tenido una experiencia espiritual. Lo único que se puede hacer es tratar de expresar esa experiencia lo mejor posible. De manera que depende del que escucha o del que lee decidir si quiere creer o no. En lo que se refiere al estilo, no puedo menos que hablar en términos positivos porque cuando, al despertar, se ve el sendero todas las dudas desaparecen, como lo podrá confirmar cualquier escritura budista que trate sobre el despertar.

Recuerdo muy bien que lo primero que me impresionó cuando empecé a hablar del despertar fue la manera positiva en que me comunicaba. Mi comprensión ya no podía expresarse con dudas o interrogantes, que es como normalmente se habla del Dharma. Al principio, esta positividad recién descubierta me pareció un poco incómoda, precisamente porque se podría interpretar como arrogancia. Es muy comprensible. Todavía hoy me resulta incómodo. Si hablo con alguien que está consciente del despertar no me inhibo tanto con mi modo de hablar, pero si trato de comunicarme con alguien que no lo comprende así me atribula porque sé que le puedo causar la impresión de que soy un arrogante. Con el paso del tiempo y conforme más personas conozcan mi experiencia supongo que venceré esa inhibición. Lo importante es que no estoy tratando de convencer a nadie de la autenticidad del despertar con este "estilo" de comunicación. Sólo intento transmitir mi vivencia lo mejor que puedo y seguir siendo leal a ella, sin embellecerla ni quitarle. Todo lo que puedo hacer es afirmarme en mi experiencia. Créeme, no siento ninguna necesidad de probarle nada a nadie ni de defender cosa alguna.

VESSANTARA: ¿Y cuando desechas algunos de los relatos tradicionales porque no concuerdan con tu experiencia? La gente puede preguntar cómo puedes hacer eso.

DAVID: Me parece que tu pregunta viene de algunos malentendidos. Mis comentarios han sido únicamente acerca de un sutra, el *Dasabhumika*. Al darme cuenta que estaba en el sendero del bodhisatva, intenté encontrar textos que me ayudaran a examinar con cuidado las innumerables percepciones que yo solo no habría podido ubicar, ya que no tenía un conocimiento previo de las etapas del sendero del bodhisatva o a alguien que me ayudara. Las únicas obras que pude encontrar en esos días fueron unas pocas traducciones del *Dasabhumika*. Supongo que las traducciones eran auténticas pero, al leer el texto, me pareció difícil establecer paralelos con mi propia experiencia. La etapa uno era la más reconocible y, en su mayor parte, era igual a mi experiencia. La otra que me pareció muy reconocible fue la etapa seis, porque se caracteriza por la rueda de la causalidad y también la etapa siete era reconocible, como el resurgimiento de shunyata. Sin embargo, en su mayoría, me sirvió de poco.

Si lo que expresa no se corresponde con la vivencia de la práctica espiritual, ¿para qué está ahí ese texto? O, mejor dicho, ¿para *quién* está ahí? El mahayana es, en esencia, una doctrina esotérica, puesto que acepta que una experiencia espiritual profunda no se puede expresar con palabras y, por lo tanto, la señala a través del lenguaje y la imaginería, con la esperanza, supongo, de inspirar a los lectores a ir más allá de lo racional y buscar la verdad dentro de sí mismos. Está bien, si se entiende de ese modo pero si no, si las personas no pueden conectar con su propia experiencia espiritual, es muy fácil que la descarten por que les parecen bobadas (así he escuchado que algunos se refieren a muchas escrituras del mahayana) o, como no pueden entender ni una palabra, ¡desechan su propia experiencia y se consideran una causa perdida! Necesitamos los sutras y los relatos aterrizados de experiencias para que el budismo le sirva a la gente como un medio para salir del sufrimiento.

Por lo que se refiere a las tradiciones, no tengo más que gratitud, respeto y un profundo cariño hacia ellas. Yo mismo soy un tradicionalista y creo que las prácticas que nos enseñan las tradiciones nos colocan con firmeza en el camino del Buda y no requieren de ninguna maquillada externa, ni siquiera para los occidentales, a quienes tanto nos gusta añadir saborcitos. Si estudias las percepciones que he procurado comunicar verás que no hay ni una que no encaje en las tradiciones theravada o zen o en las enseñanzas ortodoxas del mahayana.

VESSANTARA: Volviendo a las percepciones, ¿por qué crees que tuviste esas experiencias? ¿Crees que eres excepcional?

DAVID: No, no lo creo. Mas estas cosas pueden ser muy complicadas desde una perspectiva kármica. De lo único que puedo saber y hablar, en realidad, es de mi compromiso y mi relación con la práctica, la cual sentí en lo correcto desde el primer día. De verdad que no sé por qué, pero siempre he sido totalmente sincero en mi práctica y, desde el mero principio, he tenido el deseo de hacer, tan sólo, mi mejor esfuerzo. Para progresar es de vital importancia comprometerse y lanzarse a la práctica. Eso es lo que hice.

Recordando cuando era niño, me doy cuenta que siempre tuve la capacidad para reflexionar y cuestionarme, como muchas otras personas. Sin embargo, lo cierto es que esa facultad reflexiva puede ser muy destructiva si la vuelves contra ti. Puede llevarte a pensar que la vida, en general, no es buena y que tú, en particular, tampoco lo eres. Que ambos carecen de sentido. Pero si logras aprender a utilizar de manera hábil esa facultad, que es el más precioso de los dones, puede convertirse en algo muy positivo. Incluso, al final, te puede llevar al Buda. Para hacer esto efectivamente es importante no hacer divisiones en tu vida. No pensar que esto sí es importante y aquello no. No andar seleccionando, sino desarrollar la capacidad de conocerte momento tras momento, en todas las situaciones. Al hacer esto aprendí a ver que todo es fundamentalmente lo mismo. Aprendí a reflexionar a conocer y a mirar dentro, sin juzgar.

Si deseas reflexionar sobre el karma y sobre las vidas pasadas y la práctica en esas vidas pasadas, adelante, pero no será más que una especulación. Es verdad cuando se dice que lo que se logra es fruto de mucha práctica a lo largo de varias vidas pero, ¿sabe uno qué tan maduro está cuando llega a esta vida? Es absurdo pensar "soy un practicante inútil, seguramente tengo muy poca madurez espiritual". Entender el Dharma es conocer las altas y bajas y saber que, en cualquier momento, la ignorancia que nos ciega, esa que creemos que jamás vamos a superar, podría abrirse de repente. Uno nunca sabe.

VESSANTARA: ¿Podrías contarnos con más detalle acerca de las prácticas de percepción profunda que hiciste en Sri Lanka y que te llevaron a este descubrimiento?

DAVID: Si te refieres a las prácticas de meditación, sólo seguí una antes de ese despegue. No había tenido ninguna experiencia previa en ese tipo de práctica y, para ser honesto, ni siquiera recuerdo donde leí acerca de ella, pero supongo que en algún lado lo leí. Claro que traía encima varios años de experiencia en la práctica de la concentración y ahí me sirvieron. Como todos sabemos, o eso espero, cualquier forma de práctica de percepción clara tiene que ir precedida de una poderosa concentración. Si la mente no es estable, al grado de que la mente que observa y lo que está observando se vuelvan uno, aún quedará espacio para el yo, el ego, que hará su efecto (y esto es seguro, garantizado), pervertirá y contaminará la verdadera percepción. Este nivel de concentración es como yo definiría samadhi, aunque creo que obtendrás distintas definiciones en diversos lugares. Básicamente, es un estado en el que ya no sientes una diferencia entre tú y el mundo exterior, a menos que te esfuerces para lo contrario. Si uno puede lograr esto, tendrá la seguridad para continuar, entonces, con una práctica de percepción.

En cuanto a la práctica de percepción en sí, utilicé las "herramientas" convencionales de la reflexión sobre la impermanencia, la insatisfacción y la insustancialidad. Después de alcanzar la concentración dejaba que la mente reposara en, digamos, una sensación física en particular que, en ese momento, resultara evidente. Entonces, sobre esa sensación, aplicaba una de las tres marcas, por ejemplo, la impermanencia y la observaba, junto con la relación mental y emocional que normalmente había en torno a la experiencia. Al estar en estas observaciones, la concentración se volvía más fuerte, de un modo natural y, a su vez, la observación se hacía cada vez más profunda, hasta que el observador se volvía uno con esa sensación física, la que fuera. Esa unidad, pronto, llenaba todo lo que soy y me perdía por completo dentro de una intimidad que hacía aflorar, con toda claridad, la verdad de la impermanencia. Esa verdad es inherente a lo que se está observando y yo sabía que eso no era en absoluto "mi sensación", sino algo que simplemente estaba sucediendo. Entonces, podía aplicar una de las otras marcas o las dos, hasta que esa percepción, de que toda esta masa soy "yo y es mía", comenzaba a derrumbarse, sin más. Puede sonar traumático pero, lo cierto, es que se parece más al cálido rayo del sol que sientes en tu rostro por primera vez, después de estar años encerrado en un oscuro calabozo. Créeme, dejé correr muchas lágrimas de alegría en esos momentos. ¡De qué manera nos tiene aprisionados el ego!

Por lo regular, cuando los practicantes abordan este tipo de meditación, se les enseña a aplicar una de las marcas al principio y, entonces, hay una especie de disciplina sistemática que se persigue por toda la mente y el cuerpo, pero yo nunca tuve un maestro. Ante todo, probé hacerlo porque sabía que ésa era la forma ortodoxa de la tradición. Sabía que no podía continuar con mi koan ahora que estaba vestido con los hábitos del theravada. ¡Definitivamente no! Por la razón que fuera, ahora me encontraba en esta tierra lejana, en una tradición distinta y sabía que debía respetarla y seguir sus formas.

Por supuesto que esta forma de meditación era un experimento, pero tan pronto como empecé a practicar de este nuevo modo funcionó de tal manera que jamás dudé que eso era lo correcto ni sentí que necesitara alguna guía. En el texto he tratado de describir el despliegue que se dio, así que no lo haré otra vez pero sí repetiré que fue una interpretación totalmente libre de la práctica, que tuvo su propio impulso y que de mí no necesitó absolutamente nada.

VESSANTARA: ¿El maestro con el que estabas practicando entonces tuvo algún papel en ese proceso?

DAVID: Muy poco, apenas, la verdad. No estaba practicando bajo su dirección como tal. Él me había animado a mudarme a Sri Lanka, me dio la ordenación y me cuidó. De hecho, me envió a su templo de la aldea para que me habituara a los mantos y me fuera dando una idea de la vida que iba a llevar. Primero fui ahí como laico y pase mucho tiempo aprendiendo el pali que debía memorizar para la ceremonia de ordenación y acostumbrándome al modo de vida singalés. Lo más cerca que estuve de mi maestro en términos de práctica fue para escuchar y aprender de los relatos acerca de su entrenamiento y las anécdotas sobre su propia práctica. Ahora, cuando recapitulo, sé que él tenía una muy buena noción de qué tan madura estaba mi práctica, así que nada más me dejó que continuara con ella. Lo cierto es que su comprensión era tal que, cuando se acercaba mi hora de "retornar al origen", dejó de hablar del *Dhamma* por completo. A veces, cuando yo buscaba clarificar algo, eso me enfurecía, ¡pero él simplemente me ignoraba o cambiaba de tema! No obstante, sí desempeñó un papel positivo, debido a su corazón maravillosamente franco y amoroso y a

su sentido del humor que garantizaba una continua car-
cajada siempre que me encontraba acompañado de él.

VESSANTARA: La experiencia de visión clara que tuviste es
uno de los aspectos más emocionantes del texto y ahí hablas de su desarrollo, diciendo que fue un proceso natural. ¿Podrías abundar sobre ello?

DAVID: Aprender el camino medio, mantener una práctica
hábil diaria y cultivar la percepción profunda, todo ello
resaltará la naturaleza esencial de la visión clara. Permanecer en el camino medio (resistiendo el jalón de los
opuestos) y la práctica diaria te llevan a una estabilidad
del corazón. Mientras el corazón está sereno podemos
asomarnos a él y hacer asombrosos descubrimientos
acerca de la realidad del yo, conforme los niveles de percepción surgen con naturalidad desde las profundidades
de nuestro corazón (por supuesto que no será una percepción supramundana, porque aún no se ha roto la raíz
pivotante). No es como si uno creara esas percepciones.
Ahí han estado todo el tiempo, sólo que la ignorancia
que nos ciega las ha cubierto. Es la transformación de la
ignorancia, hasta el punto que suelta por completo al
apego y entra en la profunda ecuanimidad que ahora se
cultiva. Este estado mental armoniza con el estado puro
y natural que llamamos naturaleza búdica y lo refleja de
un modo directo.

Aunque esta clase de percepción en sí es natural hay
que cultivarla y, luego, cuidarla y nutrirla sin parar. Si
aflojas se irá desvaneciendo y, pronto, la olvidarás. O
quizá te vayas por otro lado y consideres que es "tuya" y
desarrolles engreimiento. De una u otra forma estarás en

problemas. Sólo una práctica firme y consistente esta-
blecerá las condiciones para que puedas cultivar esta percepción, mundana pero genuina, en niveles cada vez más
profundos.

Ahora, con respecto al texto, tienes que darte cuenta
que en casi toda la percepción de la que hablo hay una
comprensión supramundana que viene de la Mente supramundana y, por lo tanto, no se puede relacionar de
manera directa con la percepción mundana que la mayoría de los practicantes encontrarán, normalmente, en
su meditación. En el primer bhumi se revela todo el estrato del conocimiento, pero después, muy pronto, las
propensiones kármicas que aún persisten se reafirman y
nublan ese conocimiento. Las nueve etapas que siguen,
en realidad, son el proceso durante el cual, poco a poco,
se dispersan esas nubes, hasta que se da un retorno al
conocimiento completo (sólo que ahora sí con total claridad), a lo que es la budeidad.

En mi caso, conforme ese proceso se desplegaba, capa
tras capa a través de cada etapa, yo no interfería con ello
ni lo manipulaba de ninguna forma. De hecho, ésta es
una de las características del proceso. Es como si la Mente supramundana se manifestara sin más, de modo que
puede decirse que el surgimiento de la percepción supramundana es enteramente natural. En cambio, la percepción mundana que experimentan los practicantes
requiere una aproximación mucho más "controlada",
puesto que necesita cultivarse de manera consciente para contribuir al proceso natural. No significa esto que el
proceso natural no se dé también en el practicante co-

mún, pero como la práctica todavía es limitada y está cegada por la ignorancia, aunque se esté refinando, el meditador tiene que conducirla con habilidad. Sin embargo, en esencia, sólo hay una fuente de conocimiento: la naturaleza búdica. Así que, como menciono en el texto, las "reglas" de la práctica son básicamente las mismas para todos. Nunca debemos olvidar esta verdad.

VESSANTARA: A continuación de ello, también hablas sobre la necesidad de que todo lo que eres digiera por completo la percepción.

DAVID: De nuevo, esta descripción se refiere al conocimiento trascendental en el sendero del bodhisatva, en el momento en que un aspecto determinado del conocimiento alcanza la completa madurez. Puedes tener la certeza de que has llegado a ese grado únicamente cuando tienes una sensación de plenitud y sólo cuando se alcanza ese punto el "anfitrión en progreso" avanza al siguiente nivel. Esto destaca, una vez más, que esa visión interior (y la práctica) no son cosa de la cabeza. Para reforzar ese punto, lo he comparado con hacer una buena comida y la satisfacción que se siente después de esa experiencia. Disfrutar de una buena comida no es una experiencia intelectual. Lo que te da esa satisfacción completa es la experiencia directa al haber probado la comida. Lo mismo pasa con la percepción. Si todavía te carcome la duda no la puedes digerir bien. Eso no significa que no sea auténtica pero, al final, tiene que establecerse por completo e ir más allá del intelecto y su continua manipulación, para llegar al "¡ahhh!", de una experiencia buena, satisfactoria y bien digerida.

Cuando los practicantes alcanzan un nivel de percepción mundana no experimentan la satisfacción, porque aún quedan otros niveles de percatación a los cuales llegar. Si su práctica sigue siendo sincera, en el futuro volverán al punto, para abordar la visión interior con mayor profundidad.

VESSANTARA: Me gustaría que viéramos las condiciones que deben establecer los practicantes para poder permitir que surja o madure la visión clara. Ya has mencionado la necesidad de "contener". ¿Podrías hablar más acerca de este proceso y sobre lo que quieres decir con ello?

DAVID: Probablemente ésta sea la pregunta más importante que pueda hacer alguien que busca el camino, ya que saber cómo "contenerse" es la clave para liberarse de la rueda de la vida. Creo que la mayoría de quienes leerán esto tendrán alguna noción sobre el modo en que funciona la meditación, así que trataré de abordar la pregunta por ese lado.

La meditación básica se aprende al desarrollar la capacidad de mantenerse concentrado en un objeto, por ejemplo, al contar u observar la respiración o al recitar algún mantra o una frase. El objetivo del ejercicio es entrenar a la mente para que esté concentrada dentro de esa meditación y desarrollar una mente unidireccionada. Conforme tratamos de permanecer con el objeto de la meditación, la mente, por su naturaleza, intentará alejarse para errar por ahí. Nuestra tarea es traerla de regreso una y otra vez. La mente no sólo deambulará entre pensamientos, sino que, si nos dejamos llevar por ellos, pronto estaremos atrapados en alguna emoción. Claro que las emociones estarán relacionadas con los pensamientos, así que los pensamientos agradables ocasionarán emociones de deseo, mientras que los pensamientos desagradables darán pie a emociones de aversión y, así, sucesivamente. Es probable que pronto estemos perdidos y no sepamos ni dónde nos hallamos ni qué se supone que estamos haciendo. De este modo, descubrimos la dificultad de mantenernos con nuestro objeto de concentración.

Ahora bien, si llevamos esa comprensión a nuestra vida diaria podemos establecer paralelos directos con situaciones cotidianas, por ejemplo, barrer el piso. ¿En realidad, soy uno solo con esta tarea, del mismo modo que intento serlo en mi meditación? ¿Estoy en verdad consciente de que tengo esta escoba en la mano? ¿Puedo sentir cómo se mueve sobre el piso? Me parece que casi todos tendríamos que admitir que la mayor parte del tiempo no estamos en ese estado de concentración. Los pensamientos surgen de un modo natural y perdemos la atención consciente sobre lo que estamos haciendo. Esos pensamientos pueden convertirse en ideas de aversión a la tarea que tenemos enfrente: "quiero zafarme de este trabajo insignificante" y, entonces, comienzan a aparecer las emociones de aversión, seguidas de emociones de deseo, cuando pensamos: "en verdad, debería estar haciendo algo mucho más importante". ¿No es esto, precisamente, lo que experimentamos durante la meditación? Lo que pasa es que, en ese momento, el objeto de nuestra meditación es la escoba y el acto de barrer, no la respiración. Si podemos notar eso, empezaremos a ver que si tenemos una práctica del Dharma completa (y no sólo una práctica de meditación), entonces, la meditación y nuestras experiencias cotidianas son exactamente lo mismo. Es posible que estemos preparados a hacer un esfuerzo para concentrarnos en la meditación pero, ¿estamos listos para realizar el mismo esfuerzo de concentración en cada actividad que llevamos a cabo cada día?

Para poder comprometernos a hacer ese esfuerzo continuo, lo primero que tenemos que hacer es procurar, en serio, contener las respuestas emocionales que todo el tiempo experimentamos en la vida. Digo que es lo primero porque controlar nuestros pensamientos raya directamente en lo imposible. Sin embargo, al contener nuestras respuestas emocionales podemos llegar a modificar e, incluso, a detener nuestros pensamientos.

Mencioné una actividad física común para ejemplificar esto, pero lo de contener las emociones también tiene que ver con nuestras relaciones con los demás. De hecho, tiene que ver con cada momento del día. Esa contención es esencial si queremos aprovechar cualquier oportunidad para poder permanecer en lo que estamos haciendo. Puede ser una perspectiva muy atemorizante, puesto que estamos acostumbrados a entregarnos a esas emociones y a dejar que ellas sean las que nos lleven. Así que, como todos los aspectos de la práctica, éste es otro que hay que cultivar durante mucho tiempo. No hay que desarrollar una actitud negativa hacia uno mismo sólo porque nos parece difícil hacer eso. Desde el inicio de los tiempos, todos nos hemos visto atrapados en esos trastornos emocionales y si uno cree que se pueden transformar y humanizar rápidamente se está engañando. Lo que debemos hacer es nuestro mejor esfuerzo y aprender a ser amigables y tolerantes con nosotros mismos y con todas nuestras aparentes imperfecciones.

Ni el Buda ni el Dharma esperan que actuemos perfectamente todo el tiempo, ¿por qué entonces, habríamos de esperarlo nosotros? Pero en el centro del cambio está aprender a contener y, así, continuar con nuestro trabajo diario y nuestras actividades humanas de una manera completa y honesta, sin distracción.

VESSANTARA: Supondría que contener no es lo mismo que oprimir. Sin embargo, en el texto mencionas que tu práctica del zen te pareció opresiva...

DAVID: Había practicado el zen desde un inicio, así que, por supuesto, no tenía ninguna otra cosa con qué compararlo antes de ir a Sri Lanka. En ese sentido, tuve la fortuna de no haber paladeado muchas tradiciones distintas y no traía entonces la carga de tener que decidir cuál era la que me convenía. Estaba totalmente contento con el zen antes de mudarme a Sri Lanka y lo cierto es que siempre guardaré un profundo respeto y gratitud por la tradición zen, pero todo es relativo en este mundo y las diversas maneras de practicar el Dharma no son la excepción. Como no tenía otras experiencias, naturalmente, supuse que ésta era la forma verdadera y correcta de practicar y todos los problemas que surgieron dentro de ella tenían que ver conmigo y mis limitaciones. Eso bien puede ser cierto pero, tras mi viaje a Sri Lanka y después de asumir otro modo de practicar, pronto descubrí que no era tan sencillo.

En el aspecto de la meditación, tenía un koan que había llevado conmigo durante cuatro años pero, si no mal recuerdo, la percepción que se supone que debería surgir a través de portar e investigar ese koan, en mi caso, no funcionó muy bien. Sin embargo, su gran valor fue que abrazó toda mi experiencia en la vida e investigó tanto lo que había dentro de mí como en el mundo exterior. El koan no discrimina y, por lo tanto, nutre la visión de que todo tiene el mismo valor y el mismo origen. No se mete a juzgar si algo está bien o mal, si es puro o impuro, sino que fomenta la idea de que todo está más allá de la dualidad y que, en esencia, todo es uno, a pesar de lo que la mente pueda creer.

Esta práctica, si bien no desarrolló una percepción directa, propició la disposición a abrazarlo todo, sin ponerse selectivo y esto es el corazón y el espíritu del mahayana y es, a su vez, lo que armoniza con la naturaleza búdica. El koan es una magnífica herramienta de la cual te puedes sostener cuando las cosas se ponen duras. En los momentos difíciles, cuando la mente y las emociones se tensan hasta su límite por tratar de hacer que te entregues a ellas, el koan se convierte en algo en lo que te puedes enfocar. Estimula la atención consciente y ésta te permite resistir ante esas fuerzas. Pero sí, cualquier tema de meditación tiene ese valor. Como quedó probado en los acontecimientos posteriores, en efecto, había una fuerte capacidad de percepción en mi interior pero, de alguna manera, aquel tipo de meditación no la destapó.

Si ampliamos esta imagen para hacer que quepa en ella todo lo que en ese momento era mi práctica y no sólo la técnica de meditación, de manera específica, en lo personal encontré este tipo de entrenamiento psicológicamente opresivo y es aquí donde, en verdad, recae la respuesta a tu pregunta. Son interrogantes que he ponderado en lo más profundo desde aquel despegue y me he preguntado cómo diablos fue posible. ¿Después de todos esos años practicando con una maestra, cómo es que, de repente, pudo despegar y abrirse todo ese lado de la visión interna de las cosas, sin más, de ese modo tan dramático?

La respuesta está en la práctica que había estado haciendo desde que llegué al Dharma. Fue muy buena en un principio, en especial, para derribar toda clase de ideas tontas que tenía yo sobre el budismo, para poner mis pies firmes sobre la tierra y para enseñarme lo básico. Sin embargo, cuando miro hacia atrás, puedo ver que mucho de la práctica que seguí fue opresiva para mí, en el sentido en que no me podía abrir con libertad e investigar las cosas.

Hay en esto una paradoja con respecto al Dharma y es interesante considerarla. Se trata de la fuerza más poderosa del mundo y es, al mismo tiempo, la más frágil. Cuando el Dharma se libera de las cadenas del corazón tiene una fuerza que no puede superar nada de lo que reúnan la mente ordinaria y las emociones. Aun cuando estos factores adversos pueden ser muy poderosos y barrer con el Dharma tienen una vida muy corta y se debilitan pronto. Entonces, el brillo del Dharma puede resurgir de nuevo. Por otra parte, antes de que el Dharma se libere de esas cadenas, se requiere muy poco para mantenerlo atado y escondido. Así que, en mi caso, como la práctica que estaba haciendo era opresiva, el Dharma, simplemente, no podía surgir y aún seguiría sin despegar si me hubiera quedado con el grupo y continuara con esa práctica.

VESSANTARA: ¿De dónde crees que venía esa opresión?

DAVID: No hacía más que seguir a mi maestra, de modo que, en este caso, la falla estuvo en la guía. Nunca hubo una libertad para deambular y explorar dentro del proceso de la visión interior. Siempre se me dijo nada más que me olvidara de todo, que dejara de investigar (con un imperioso "aguanta al margen de todas las cosas") y sólo mantente firme en el koan. Esto demostró ser terriblemente opresivo para mi espíritu y mi fuerza vital. Aunque estoy de acuerdo, como lo expliqué antes, en que la disciplina es esencial y en que si nos dejamos llevar por lo que imaginamos que es una visión interior podemos terminar en un callejón sin salida, también es necesario, a veces, andar en torno y explorar. Si de ello regresas tambaleándote, ¡qué se le va a hacer! No hay más que levantarse y empezar de nuevo. No hay gran problema con eso, pero si no se dieran esa libertad o ese espacio para la exploración, la profunda experiencia del Dharma simplemente no surgiría y yo garantizaría absolutamente lo que te estoy diciendo.

La innata facultad reflexiva de percepción que todos tenemos puede considerarse como un bebé o una criatura delicada. Si tienes un niño que está sentado sobre el suelo, que quiere dar una vuelta a su alrededor e investigar y no se lo permites, estarás afectando gravemente su desarrollo. Si le permites explorar quizás haga un tiradero en la alacena y desacomode algunas cosas, pero déjalo. Claro que si llega a la estufa y quiere alcanzar la cacerola donde está el agua hirviendo, entonces, no se lo permitas y repréndelo con firmeza. A través de todo esto, seguirás amando a tu hijo y aceptarás todo como parte del proceso de aprendizaje. Lo mismo sucede con la mente, no saltas sobre ella cada vez que comete algún error, derivado de la costumbre. No estás todo el tiempo estrujándola y sofocándola ni recordándole que es una egoísta: puro "yo". De esa manera sólo desarrollarías más negatividad y sentimientos de culpa. Hay que dar espacio a la mente para que aprenda de sus propios errores. El secreto está en lograr el balance entre la presión exagerada y el exceso de libertad. Es un equilibrio sutil, mas los maestros y estudiantes del Dharma tienen que conseguirlo si quieren que el discípulo madure.

El gran problema es que esta opresión puede ser tan sutil que, ¿cómo puedes identificarla? Me temo que no tengo la respuesta. No queda más que emitir tu propio juicio, con base en tus sentimientos en esos instantes. El problema al hacer esto es que tu juicio puede darse bajo la influencia de una incomodidad dentro de la práctica, la cual sientes, precisamente, porque ésa es la práctica correcta ¡y no porque sea opresiva! Para mí fue evidente que la práctica había sido opresiva sólo hasta después de mucha visión interna reflexiva, que vino a raíz de ver el sendero, cuando el Dharma me llevó a Sri Lanka y dejé atrás la práctica del zen.

Mi conclusión fue que esa opresión había sido lo que me tenía atorado, principalmente, pero también, con la meditación, descubrí otro factor importante que me estaba inhibiendo. Desde el inicio de mi entrenamiento en el zen se me había enseñado que la mente y el corazón estaban separados. Ésta es una creencia común en Occidente y podrías pensar que no es un concepto tan importante pero descubrí algo cuando comenzó a fluir la visión interior: conforme se desarrolla la concentración, nuestra mente, que suponemos se halla en la cabeza, "da marcha atrás" y retorna al corazón, de modo que los dos se vuelven uno. Esa aparente separación es parte de la idea ilusoria de que yo soy esta cosa independiente que vive "aquí arriba", en mi cabeza, cuando la verdad es que lo que hay es una emanación directa desde el corazón.

La doctrina zen aborrece las ideas y la práctica dualistas y te dice, una y otra vez, que "todo es uno" o que "todo vuelve a la unidad". De manera que es un error declarar que la mente y el corazón son cosas separadas. Esta extraña noción, que ciertamente es una "visión equivocada", puede tener un efecto nocivo y hacer que te desorientes en la meditación, cuando se hace claro que ambos son, en verdad, uno y que andabas despistado. También esto me tuvo atorado, pero después de trabajarlo y liberarme de la opresión las puertas, simplemente, se abrieron de golpe.

El Dharma sabía que ésos eran factores cruciales y es por eso que, con su sabiduría, señaló el camino a Sri Lanka. Fueron obstáculos muy grandes en mi anécdota, de modo que me pareció necesario incluirlos. Lo que se puede aprender de todo esto es lo esencial que es encontrar el balance sutil dentro de nuestras mentes para poder practicar el camino medio. Ese equilibrio sólo se puede lograr cuando la enseñanza que tomamos con seriedad es, en sí misma, verdadera y está finamente balanceada.

VESSANTARA: En el texto mencionas que, tras el despertar, la mente pequeña retorna con mucha fuerza. Eso podría sorprender a algunas personas quienes, quizá, tengan la idea de que el despertar acaba con todo eso.

DAVID: Muchos tienen la preconcepción de que, cuando ocurre el despertar, la persona se convierte de pronto en un buda ambulante. Pues no, no sucede así. Hice mi mejor esfuerzo para describir la experiencia y la verdad es que no puedo agregar mucho, como no sea señalar que si el despertar barriera con todo no habría un sendero del bodhisatva ni diez etapas que cultivar, ¿o sí? La auténtica percepción espiritual siempre es paradójica. Es por eso que la fe es un prerrequisito para el entrenamiento espiritual y ésa es la razón por la que este entrenamiento será siempre para unos pocos y no para la mayoría. Si hay alguien que tenga algún problema con esta paradoja en particular, sólo servirá para demostrar la clase de opiniones simplistas que podemos adquirir a través de la lectura.

VESSANTARA: Otra paradoja que, quizá, podría sorprender a los lectores es que, después de tu experiencia del despertar, cuando tu mente estaba activa revisando la percepción, te era imposible concentrarte en la meditación.

DAVID: ¡El despertar no es una experiencia pasiva! Cuando el corazón pierde sus cadenas y escapa de la prisión, por decirlo así, redescubre su calidez y su alegría natural. Esto es muy poderoso. En ese momento, la prioridad del corazón es pasar revista una y otra vez a su vieja prisión y recibir el calor de la experiencia de la liberación y el conocimiento. En la cima de ello, se da cuenta que todas las maravillas y misterios de la creación son su propio yo. El corazón ve que es necesario agarrarse de la alegría tanto como sea posible, de lo contrario, el puro poder de todo eso podría hacer que se perdiera. Para mí, el simple hecho de retener la alegría y mantenerla en el redil fue una tarea bastante difícil en sí, pero ir más allá y, en verdad, estabilizar la mente para detener el flujo de la visión interior que corría por esa alegría fue, de plano, imposible. Una vez más, es cosa de captar toda la imagen y no sólo los trozos ideales.

VESSANTARA: En cierta etapa del libro mencionas la necesidad de tener maestros y, después, hablas de no necesitar uno. ¿Podrías abundar sobre el tema y decirnos cómo consideras el papel del maestro y el de la sangha en la práctica?

DAVID: En el texto he intentado explicar mi postura al respecto. Cuando despierta la Mente trascendental se ve el camino. Esto pone fin a la necesidad de un guía. No obstante, nunca hace daño hablar de estas cosas con alguien que las entiende. Hablar ayuda a afilar y pulir la visión interior. Mas antes de ver el sendero es necesario un maestro y, en lo que concierne a la sangha, nadie jamás trasciende la necesidad de una.

Supongo que, en efecto, tengo opiniones bastante obstinadas acerca de tener un maestro, pero lo cierto es que tengo opiniones bastante obstinadas acerca de la mayoría de los aspectos del entrenamiento. Has de entender que mi perspectiva es que el entrenamiento tiene que ver con la comprensión de la realidad del yo y del cambio que ocurrirá con esa comprensión genuina. Dicho de otro modo, tiene que ver con practicar el noble sendero óctuple de una manera completa y armónica.

Cuando inicié el entrenamiento en el Dharma, recuerdo muy bien haber escuchado la analogía de la tortuga ciega que sale a respirar a la superficie del océano una vez cada cien años. Se dice que las probabilidades de tener un nacimiento humano en el infinito mar del samsara son las mismas que tiene esa tortuga de asomar su cabeza por en medio de un aro de madera que está flotando en el océano justo cuando ella llega a la superficie. También, se afirma que sólo es posible liberarse del samsara en el reino de los humanos. A eso, añade las escasas probabilidades de que uno se encuentre con el Dharma mientras tiene un cuerpo humano y quedará clara la importancia de hacer uso de esta vida. Si tomamos este planteamiento como algo preciso, quién sabe, entonces, cuándo volveremos a tener una vida humana o a encontrarnos con el Dharma en un futuro, si es que eso sucede. ¿Cómo es posible, pues, que no aprovechemos esta singular oportunidad sujetándola con ambas manos?

Puedo entender que no todo el mundo está preparado para una entrega total de esa manera ni todos son capaces de semejante compromiso. Eso no me causa ningún conflicto porque una de las maravillas del budismo es que, bajo su sombrilla, tiene lugar para todo tipo de personas, cada una con su diferente nivel de entendimiento. Sin embargo, si estás practicando el noble sendero óctuple de manera completa, no cabe mucho transigir.

Me doy cuenta que, en Occidente, es difícil encontrar maestros que tengan una comprensión directa del Dharma, pero si en verdad deseas acercarte a la práctica como debe ser, entonces, tienes que hacer todo tu esfuerzo por encontrar uno. Cualquiera que sea la tradición que te atraiga, busca a un maestro dentro de ella, uno con el que te sientas cómodo y confía en él, entregándote a su forma de practicar. Al mismo tiempo, trata de no cometer el típico error, tan común, de poner a tu nuevo maestro en un pedestal, creyendo que se encuentra más allá de todas tus propias fragilidades humanas. Tarde o temprano se caería del pedestal que le creaste y descubrirás que no es el ser perfecto que te habías convencido que era. Cuando eso sucede, uno se siente engañado y desilusionado y quizás abandone todo, lo cual sería una verdadera pena. Pronto aprendí a concentrarme en los aspectos más sabios de mis maestros, a abrazar esos aspectos y aprender de ellos, dejando a un lado todo lo demás. Asimismo, hice eso durante mi experiencia monástica. Suceden muchas cosas absurdas dentro de esa tradición y, sin embargo, también hay mucha sabiduría profunda en ella. Así que pronto aprendí que las personas perfectas sólo existen en tu imaginación.

Cuando ya has encontrado a un maestro, sigue sus enseñanzas y desarrolla una relación que te permita estar con él cuando vienen momentos difíciles y necesitas alguien en quien confiar para que te guíe. A veces, el acto de entregarse es más que difícil, pero es importante porque la entrega es un acto de fe. Y otra vez, eso es algo que los occidentales normalmente tenemos muy poco. La fe es la base de la práctica espiritual. Sin ella, será mejor que uno se dé por vencido. La fe en el maestro y en la enseñanza del Buda, una fe que posiblemente, en un principio, fue ciega, es la que te llevará adelante, hasta que se desarrolle dentro de tu propia experiencia en la vida. Luego esto impulsa una fortaleza interior que crece cada vez más, hasta que ya te puede conducir a través de momentos de duda y adversidad.

VESSANTARA: ¿Y qué dices del papel de la sangha en la práctica?

DAVID: Si tener un maestro que posea el conocimiento es el primer prerrequisito para un entrenamiento adecuado, estar con una sangha (o "buenos amigos", como también se les puede nombrar) es el segundo. Ella es, por ejemplo, la base que sostiene y guía al que se ordena como monje. La sangha ayuda a crear el marco dentro del cual practica el monje, con todos los pesos y contrapesos que le son inherentes. Lo sostienen reglas y disciplinas profundamente sabias, maduradas con el paso de los siglos y si las practica de manera correcta, además de cultivar su propio entendimiento, lo llevarán directo a las puertas de la iluminación, sin temor a equivocarse. Nosotros, en Occidente, no somos monjes comprometidos, en ese sentido, pero eso no disminuye en lo más mínimo el papel de la sangha en nuestra propia práctica como laicos.

Necesitamos un maestro que sea nuestro guía, pero también necesitamos rodearnos de personas afines a nuestras ideas, que nos ayuden a continuar y nos alienten en la práctica. El Buda dijo que quien practica el Dharma es como quien va nadando por la corriente de un río y, luego, decide darse la vuelta y nadar contra la corriente. Es una analogía muy precisa y la mayoría de los que practicamos mientras vivimos en el mundo estaremos de acuerdo con ella. Es tan fácil sentirse aislado, llevando a cabo las disciplinas que hemos asumido, mientras todo alrededor intenta llevarnos en la dirección opuesta. Las incansables fuerzas de la seducción con las que convivimos a diario desean que nos perdamos en el mundo de los placeres sensoriales y nos ayudan a evitar la temible posibilidad de tener que confrontarnos con nosotros mismos alguna vez y ver lo que en realidad somos, o encarar los miedos y la futilidad que hay en muchas de las cosas que hacemos. El poder de esas fuerzas es grande e infatigable pero es de una ayuda inmensa estar con otras personas que tienen una experiencia similar a la nuestra, que nos pueden entender, apoyar, aconsejar y animar.

Hay otro valor que tiene la sangha y que resulta muy útil por la razón contraria y es que es bastante fácil, cuando te entrenas tú solo, entrar en un estado mental en el que crees que lo que estás haciendo es la práctica correcta, que ya resolviste todo y que, en realidad, no necesitas ni apoyo ni guía. Entonces, llegar a una sangha, en verdad, puede ocasionarte una gran molestia, al ver cómo tus amigos desafían y desarman todas tus queridas nociones de lo que es la práctica correcta ¡y eso, muchas veces, te deja bastante desinflado! Este aspecto del contrapeso es muy valioso.

Poder contar con esa clase de ayuda, así como poder meditar con personas que piensan como tú y compartir con ellas es una experiencia positiva y, para ser francos, no creo que sea posible permanecer el tiempo que sea sin una sangha y seguir caminando por el sendero.

VESSANTARA: Dentro de una vida de práctica, ¿en qué lugar ubicarías el estudio del Dharma?

DAVID: Si te refieres a los libros, entonces el estudio del Dharma es de lo más importante cuando apenas empiezas en el budismo. Recuerdo que leí mucho en ese tiempo y no sólo libros budistas, sino también de psicología, de modo que pudiera captar, de alguna manera, lo que era esta mente mía y para darme una idea de lo que me hacía ser yo. En Occidente, tenemos unas mentes tan complicadas y una enorme tendencia a disgustarnos con nosotros mismos, que si entendemos un poco la manera en que funcionamos, eso nos puede dar estabilidad y nos permitirá dar el primer gran paso hacia el Dharma. Tener alguna comprensión de nosotros mismos y, por lo tanto, algún control, nos puede permitir soltarnos un poquito para dar lo que quizá sea un temible paso adelante. Es muy importante entender (y esto va para cualquier etapa de la práctica) que necesitamos sentirnos equilibrados y a gusto con nosotros mismos, por lo menos, la mayor parte del tiempo. Si nos sentimos desorientados y perdidos no es posible practicar.

Yo recomendaría la lectura de libros que te den un marco referencial del Dharma, que tengan sentido y que te den la confianza para establecerte en la práctica. Nunca he leído algo de manera intencional cuando no sentí que fuera relevante en el punto en que me encontraba practicando. Claro que es natural que recojas mucha información adicional conforme avanzas. El budismo puede ser la religión más fascinante para estudiar, con temas como el karma y el renacimiento, todos esos misteriosos reinos del samsara y esas visiones interiores que al mahayana, en particular, le gusta ensalzar. No obstante, debemos tener cuidado con esto. Habría que tomar a los libros como son, sin darles tanto peso y sin aferrarse a ellos con desesperación, atribuyéndoles demasiada importancia. Acumular conocimiento puede servir para exhibirlo en una cena con una interesante conversación sobre el budismo, pero en lo que respecta a la verdadera práctica es cuestionable.

Creo que la regla para el estudio debe ser tratar de leer el material que te haga ir hacia dentro y reflexionar sobre ti y no el que te impulse hacia el mundo exterior. ¡Hay que mantenerlo al mínimo! Ahora que si, en verdad, tomas con seriedad el estudio, permíteme recomendarte el mejor "libro" que puedas leer, uno que te dará lo mejor que hay en drama y suspenso, uno que contiene todas las emociones humanas, los vicios y las virtudes, todo el misterio y la fantasía que uno pueda buscar, donde se llega a un clímax en la última página y que se resuelve con un giro inesperado que ni la imaginación de los mejores escritores del mundo podrían soñar con igualar. Ese "libro" es el estudio de tu propia mente y tu propio cuerpo. ¿Cómo es que no lo mencionan permanentemente en la lista de los títulos más vendidos? ¡Nomás no lo sé!

VESSANTARA: Y en el otro extremo del espectro, quizá, ¿qué papel consideras que desempeña *jhana* [en sánscrito, *dhyana*] en todo el proceso de llegar a la percepción?

DAVID: No es éste un tema que yo necesitara conocer para mi propia práctica, pero sí era un tema de conversación muy popular entre los monjes cuando viví en Sri Lanka. Parece que para cultivar, de un modo correcto, esta meditación se requieren muchas horas diarias de dedicación, sentado y caminando. Incluso, parece que hay que llevar un tipo de vida específico con una inactividad casi total. Los monjes allá solían decir que los occidentales nunca podríamos perfeccionar ese arte, porque cargamos con demasiado karma, lo cual interfiere con esta práctica sutil y la obstaculiza. En ello, los orientales son muy distintos, hablando en general. Su crecimiento es mucho menos complicado. Es común que hayan tenido una vida tranquila y sencilla, en una aldea, con una educación básica. Reciben la ordenación muy jóvenes y, por lo regular, no se han visto inmersos en una vida que los haga producir karma pesado. De modo que cuando llegan a sentarse para meditar tienen muy pocos pensamientos y emociones densas que les impidan alcanzar esos estados tan refinados. Mientras viví en el bosque tuve la fortuna de convivir con monjes que eran hábiles para las *jhanas* y, normalmente, me sugerían que no me interesara demasiado en esa práctica si lo que quería era desarrollar la percepción. Parece que la dicha física y mental que se deriva de esa fuerte concentración también te puede llevar a un fuerte apego a ella. Aquellos monjes, en particular, no estaban tan interesados en desarrollar la visión interior. De hecho, admitían con toda libertad que tenían muy poca percepción, de cualquier manera, pero les atraía mucho más la idea de un renacimiento favorable, el cual se dice que es el fruto de esta forma de meditación. En general, los orientales se enfocan muchísimo en el renacimiento.

El papel que desempeña *jhana* es el de refinar y concentrar la mente, de modo que cuando ésta sale de las *jhanas* es más fácil y más rápido cultivar la visión interior. Desde un punto de vista doctrinal, tras haber cultivado mucho tiempo la práctica de la percepción profunda, la iluminación viene cuando uno emerge de las *jhanas*, cuando la mente se encuentra en su mayor punto de refinamiento. Por fortuna para nosotros, los occidentales, la capacidad de llegar a las *jhanas* no es necesaria para lograr la iluminación. El Dharma surge en lo que se denomina "concentración de acceso", la cual se puede alcanzar desarrollando una buena concentración (no necesariamente de una fuerza *jhanica*) junto con la sabiduría recolectada de una práctica complementaria de visión interior.

VESSANTARA: Otro aspecto similarmente paradójico en tu texto es que hablas de la certeza que viene con el despertar, pero también mencionas que vas a buscar la confirmación de un monje con mayor experiencia. ¿Podrías hablar más sobre ello y de cómo funciona esto en la tradición singalesa?

DAVID: Es extraño y no es algo que pueda explicar fácilmente pero, aunque no había lugar a dudas sobre el despertar, parecía sensato obtener alguna especie de confirmación por parte de alguien a quien considerara que tenía una autoridad relevante, ante todo para cortarle el camino a Mara. Después de haber tenido tan terribles experiencias con él en el pasado, pensé que tarde o temprano intentaría explotar este despertar de alguna forma, incitando la duda. Conseguir una confirmación lo anularía completamente, por lo menos, en este aspecto. Cuando miro hacia atrás, veo que no había posibilidad de que Mara encontrara espacio para actuar pero, en ese momento, mi motivación era, sobre todo, precautoria. Además, la confirmación es tradicional en todas las escuelas de budismo.

Había oído hablar sobre un monje que era abad de una aranya de entrenamiento serio, no demasiado lejos de Colombo, así que decidí visitarlo y pedirle una entrevista formal. De camino hacia allá, pasé a ver a mi maestro, a quien también consideraba calificado para emitir un juicio. Al mismo tiempo, sabía que él no indagaría sobre la comprensión de una manera formal, ya que no era su estilo. ¡Y vaya que no lo hizo! Tras mostrarle mis respetos, simplemente me miró a los ojos, afirmó con la cabeza y sonrió. Nunca se habló sobre el tema. ¡El hecho de que de inmediato empezó a hablar del *Dhamma* otra vez, para mí fue la confirmación encima de la confirmación!

En cuanto a mi experiencia en el bosque, fue completamente distinta. El venerable Ñanarama era el abad de mayor edad en una aranya grande y esparcida, en lo profundo del bosque. A su alrededor había varios practicantes muy entregados. Entre ellos, había varios monjes impresionantes, que destacaban por su habilidad en las *jha-nas*. Era una gran alegría e inspiración hallarse cerca de tales monjes. El venerable Ñanarama era, quizá, el maestro de percepción clara más conocido en un país que, tradicionalmente, no es muy notable por personas como él.

Su conocimiento global de la práctica de visión interior y de concentración sólo era igualado por su experiencia directa. Era un hombre profundamente sabio. No estaba bien de salud cuando llegué a verlo pero, aunque se encontraba en reposo y muy callado, me dedicó una sonrisa cálida y acogedora que, de inmediato, me hizo sentir cómodo.

No hablaba inglés, así que uno de sus discípulos se ofreció amablemente a servir de intérprete y toda la entrevista fue muy formal. Lamento decepcionarte pero no me acuerdo de ninguna de las muchas preguntas que me hizo. Lo único que puedo decirte es que todas las contesté a su entera satisfacción. Recuerdo uno o dos comentarios que hice, ¡pero eso se debe a que me pareció que yo estaba hablando fuera de turno! Eran sobre la profunda vacuidad y la interpenetración, dos aspectos del despertar que no habíamos tocado. Traté de ser alegre en mis palabras. Él sonreía y, a veces, respondía con algunas risas. Al final de la entrevista pensé que no quería dejar lugar a dudas, de modo que le pedí que me confirmara si había alcanzado el sendero. Él lo hizo. Como menciono en el texto, más adelante habría de retornar a esa aranya para mi entrenamiento y aprendí mucho sobre sus métodos y sus percepciones. La confirmación que me dio fue con respecto a la primera etapa del sendero del arahant, conocido como *sotapanna* o "entrada a la corriente" pero, como habría de aclarárseme después, este sendero era, de hecho, apenas una parte de otro mucho mayor.

VESSANTARA: Donde el sendero mayor es el del bodhisatva. ¿Crees tú que en verdad hay dos senderos o sólo uno?

DAVID: Ésa ha sido la manzana de la discordia dentro del budismo casi desde su inicio. Hasta hoy no se ha resuelto satisfactoriamente. Antes de darte mi perspectiva, déjame decirte que, en este momento, no pertenezco a ninguna tradición y, por lo tanto, no siento ninguna necesidad de defender o criticar a alguna de ellas. Mi explicación viene puramente de mi propio entendimiento. No sirvo a ningún interés. Por lo que a mí respecta, todo esto sólo es Dharma.

Para poder hablarte de mi comprensión, primero tengo que comentar sobre la naturaleza de la realidad. Después de todo, la sabiduría fundamental de los dos senderos tiene que ver con la contemplación de la realidad, o sea, "las cosas como realmente son". Los budistas, cuando vemos y conocemos por completo la realidad, hemos decidido llamarla iluminación o despertar.

Una analogía me ayudará a explicar esto con más claridad. Imagina que le pides a dos personas, en diferentes ocasiones, que busquen un salero que está escondido en mi cocina. Es posible que sigan distintas estrategias para buscarlo pero, al final, lo encuentran. Entonces, ambos describen lo que encontraron: un objeto redondo, de determinado color, peso y material. Resulta que las dos descripciones son iguales porque lo que encontraron es, precisamente, el mismo objeto. Un objeto es algo que existe en el tiempo y el espacio, tiene dimensiones y, por lo tanto, limitaciones. En algún momento comenzó a ser y, así, en algún momento dejará de ser. Entonces, si esos dos buscadores partieran ahora en pos de la realidad y practicaran de un modo hábil, también la encontrarían. Sólo que como la realidad no es un objeto, sus descripciones, puesto que surgen de sus percepciones individuales, no podrían ser iguales. Trataré de explicar por qué.

Si la realidad fuera un objeto tendría las mismas limitaciones fundamentales que tiene un salero, lo cual es absurdo. De modo que la realidad no es un objeto. No mora en el espacio y el tiempo. Por eso nunca llega a ser, jamás gira en el mundo de la existencia ni decae y, asimismo, no tiene limitaciones. Si la realidad no es un objeto podrás preguntarte cómo es que se manifiesta. ¡Vaya! Pues lo hace de un modo misterioso, a través del universo de los objetos y, al hacerlo así, vemos que la realidad y los objetos no están separados, sino que son idénticos. El mundo que gira, que llega a ser y deja de ser, ése que llamamos samsara, tiene su raíz en los objetos (o en la forma) y en la interpretación errónea que hacemos de ellos. El concepto de la realidad (nirvana) habla de ir más allá de esa ilusión, pero así como la forma y la realidad son idénticas, tampoco, samsara y nirvana se pueden separar.

El nirvana no se puede considerar "algo" y, por ello, nunca se podrá obtener ni capturar. ¡Como la realidad no es una "cosa", los practicantes que creen que "la" pueden obtener van directo a una gran decepción! Nunca podrán obtenerla ni capturarla, de ninguna manera. Sólo es posible percatarse de ella, a través de una práctica en la que "se llegue a dejar de ser". Solamente cuando por fin quedas vacío de todo deseo la realidad se manifiesta por completo y si, entonces, esa revelación te ciega e intentas sujetarla, ¡tampoco eso lograrás!

De tal modo, el factor verdaderamente importante que hay que entender acerca de la naturaleza de la realidad es que no se trata de una cosa (o no-cosa) y como no es una cosa, cuando se manifiesta no es una experiencia de todo o nada. La realidad se puede revelar en niveles infinitos, con diferentes grados de claridad, de acuerdo con la capacidad que tenga el practicante para limpiarse el "polvo de los ojos". Puede manifestarse en cualquier momento, donde sea. Sin embargo, los medios hacia esa realidad intemporal y la expresión de la visión interior de la misma se verán afectados por los factores culturales. Lo más importante, con respecto a tu pregunta, es que se manifestará en relación directa con el tipo de práctica que se haya seguido y cultivado. ¿Por qué? Una vez más, porque la realidad no es una cosa. Si lo fuera, sería lo mismo para todo el mundo todo el tiempo y en cualquier situación, como aquel salero. Lo cierto es que surge y se manifiesta de manera misteriosa en varios niveles diferentes, dependiendo de las condiciones que he mencionado y cuando ya han madurado esas condiciones. Por lo que respecta a los budistas, la realidad se nos revela por completo en lo que llamamos el despertar porque, en este punto, la "visión" es tan grande que rompe la "raíz pivotante" de la ignorancia que nos ciega y que, entonces, lenta o rápidamente, entra en una decadencia irreversible, con lo cual se pone fin al interminable ciclo del renacimiento.

¡Ahora, podemos responder tu pregunta!

Podríamos dividir claramente el verdadero despertar en dos mitades, al menos para poder explicarlo: la percepción del yo y la percepción de lo demás. La percepción del yo es la comprensión de que, a pesar de todas nuestras suposiciones iniciales, después de todo no hay ninguna persona dentro de este cuerpo ni esta mente que pueda decir "éste soy yo, esto es mío". La forma, simplemente, está vacía de cualquier cosa que exista de un modo inherente. Tras esta revelación, el practicante ve que el mundo exterior no es lo que él suponía, sino un producto de ese yo erróneamente imaginado, que ponía nombres y etiquetas a todo lo que veía. Mas, ahora, se ha limpiado ya esa suposición anterior de lo que era yo y, claro, con eso se ha ido también aquel mundo. ¿Y qué deja? Deja formas sin etiquetas, sin nombres o, lo que nosotros llamaríamos, dharmas vacíos.

La maduración completa de esa comprensión es el final de la primera mitad del despertar. Podríamos decir que consiste en quitar lo negativo, en el sentido en que nada de ello existió jamás, en realidad. Con toda franqueza, lo que deja es un vacío. Habrá quien diga que ahí termina esta historia, pero no. Al eliminar ese mundo creado que nos cegaba llegamos a la otra mitad del despertar. "Eso que ya no es ilusorio" realiza el descubrimiento más maravilloso e indescriptible; un hallazgo que trae al budismo de vuelta, desde estar a punto de ser considerada una religión negativa, nihilista, hasta el punto de convertirse en la religión y en la filosofía más cálida, compasiva e insuperable del mundo, la que más alienta la vida. Ese descubrimiento es el de la naturaleza búdica.

No todos los que ven a través de la ilusión del yo descubren esta naturaleza búdica. Es posible que esta afirmación desconcierte a alguien, pero hay una razón por la cual se da ese estado incompleto y se centra en la naturaleza de la realidad y en la naturaleza de la práctica. Como ya expliqué, la realidad no es una cosa. Es de naturaleza fluida, espontánea y nunca se muestra dos veces de la misma manera. Se manifiesta en diversos grados, dependiendo de los factores que antes mencioné. Sin embargo, el más importante de todos esos factores es el que se refiere al tipo de práctica que se usa para transformar aquella ignorancia cegadora en sabiduría.

Básicamente, hay dos tipos de práctica que los budistas empleamos para llegar al despertar o la iluminación. Esas prácticas nos pueden llevar a una comprensión incompleta o a la plenitud de la comprensión. Una práctica es la mera reflexión sobre el yo que habita en este cuerpo y dice: "éste soy yo, esto es mío". La otra no sólo reflexiona en ello, sino también en "lo demás", en lo que está afuera, con la creencia de que todo, en realidad, es uno.

El compromiso en la primera práctica se convierte en un hábil ejercicio de discriminación, en el que el practicante desea concentrarse exclusivamente en los cinco skandhas, que es donde habita la idea del yo. Claro que el yo no está "ahí afuera", de modo que se aleja del mundo de forma activa, desentendiéndose de él tanto como le es posible. Este tipo de practicante fortalecerá la actitud de que el mundo es innecesario para desarrollar la percepción. De hecho, lo verá como un gran obstáculo, así que escapará de su conexión con él, considerándolo algo negativo. Al morar en esa idea de la vida y del mundo como un obstáculo desarrollará una actitud de "bueno y malo, correcto e incorrecto" y comenzará a sentirlos como una carga. Ve la necesidad de llegar a ser puro para alcanzar la iluminación, de manera que tendrá que cortar con lo que considera impuro y alejarse de ello, tanto dentro como (principalmente) fuera de sí mismo. En resumen, la totalidad de "yo" se fragmenta, pero aún funciona. Cuando madura su práctica, en verdad, verá que su forma está vacía de un yo y el mundo creado de nombres y etiquetas dejará de existir para él, pero no descubrirá la completa realidad que hay más allá de esa percepción.

Con la segunda práctica, uno todavía se enfoca en la forma en la que cree que vive el yo, pero igual está preparado para abordar lo que hay afuera y asumir esa experiencia. Me parece que la clave es "el espíritu de la práctica". Es la voluntad de ese espíritu no discriminar entre estas dos mitades de la experiencia, no manipularlas ni caer en la trampa de seguir fomentando la ilusión de la dualidad. Es tener la voluntad de mirar en las dos mitades, dentro y fuera, abarcándolo todo, diciendo "sí" a todas las cosas, como que son parte de la totalidad de la vida. Esta práctica tiene inmensos peligros que la otra esquiva con limpieza. Son los riesgos de que la seducción que el mundo continuamente nos envía termine por atraparnos y descarriarnos. Esto es muy real, pero la práctica de aprender a identificar y contener esos riesgos nos conduce al conocimiento que se encuentra en el corazón de esta práctica. También se desarrolla más moderación y una conducta adecuada, que son fundamentales para todas las prácticas budistas de ética y percepción.

Cuando madura por completo este espíritu de apertura y no discriminación, el que practica esta senda también verá que la forma está vacía de un yo y cesará el mundo de nombres y etiquetas pero, entonces, como ha encarado y abrazado toda creación con un gran "sí", sin juzgar ni discriminar, rebasará esa comprensión, verá dentro de la naturaleza búdica y descubrirá su esplendor y majestuosidad.

Pero, ¿por qué sucede eso? Sucede porque el primer tipo de práctica ignora la totalidad de la vida y se enfoca en un modo muy parcial. De manera que "las cosas como son en realidad" sólo se manifestarán en esa área en la que se ha desarrollado y cultivado la visión interior, que es el yo. Dicho de otro modo, si plantas y cultivas un manzano la única fruta que cosecharás serán manzanas. El segundo tipo de práctica, que ha abrazado por igual el interior y el exterior, obtendrá la recompensa completa porque es en el interior y el exterior donde hay que encontrar la realidad en su totalidad. La realidad en su totalidad es lo que llamamos naturaleza búdica, la cual no discrimina entre bien y mal, puro o impuro, porque no habita en la dualidad. La naturaleza búdica es el misterio que trasciende al yo y lo demás. Es, asimismo, donde yo y lo demás nacen y viven y, sin embargo, lo más misterioso es que ninguno de ellos la toca jamás.

Yo y lo demás (creaciones de la mente, ambos) carecen de existencia esencial pero no puedes usar esas palabras, yo y lo demás, para describir la naturaleza búdica. Ésta se encuentra asombrosamente más allá de la mente y, por lo mismo, más allá de la noción del tiempo y el espacio que la mente crea. No surge y fenece, sino que se halla en un estado de fluidez ininterrumpida y como es permanente y, por lo tanto, inmutable, se puede decir que es el verdadero yo. Es el único estado auténtico de pureza, ya que no está manchada por el estado de dualidad y, como la profunda vacuidad es su característica, nunca se puede asir ni obtener. Está viva en su totalidad, en un estado de permanente dicha, que es el amor. Ese amor es la sabiduría en su totalidad y, por ende, compasión, puesto que la sabiduría esencial es compasión.

Para concluir, el primer tipo de práctica te colocará en el sendero del arahant y el segundo tipo te pondrá en el sendero del bodhisatva. Sin embargo, como el sendero del bodhisatva es completo, dentro de sí también contiene el sendero del arahant. De modo que efectivamente, en realidad, sólo hay un sendero.

Contestada esa pregunta, queda todavía un punto interesante que me gustaría mencionar.

Si deseas descubrir con todo detalle la verdadera identidad del yo y la completa verdad metafísica del ser deberás tener una práctica ortodoxa de percepción que implique mirar dentro de la mente y el cuerpo; una profundización que disipe el mito de que ahí hay una persona. No es una percepción que venga de la nada, de un modo mágico. En el budismo del Lejano Oriente, la práctica de abrazar la vida en su totalidad, sin discriminar, sí te lleva al despertar y a la naturaleza búdica, por supuesto. Sin embargo, como la práctica no se enfoca, de manera específica, en la construcción metafísica de la mente y el cuerpo, sino que tan sólo incluye esto como parte de la práctica en su totalidad, ese conocimiento detallado les pasa desapercibido a sus practicantes. Retomando mi metáfora, te diré que si lo único que plantas y cultivas es un naranjo, lo que obtendrás serán naranjas.

Para ilustrar esto, si analizas una de las obras más reverenciadas y más utilizadas como referencia en la tradición zen, *El buey* y *su pastor*, verás que ahí se encuentra el sendero del bodhisatva, dentro de esas 10 imágenes. Se puede considerar que las primeras imágenes señalan a la práctica antes del despertar y las últimas apuntan a las etapas posteriores al despertar. No obstante, no hallarás en ninguna parte referencias directas a las diez etapas del mahayana ortodoxo. No es porque no quieran usarlas ni porque prefieran cultivar su propio estilo sino porque, sencillamente, el zen no tenía idea del conocimiento metafísico detallado que concierne a la idea de un yo y que marca cada nuevo estadio de los bhumis en el sistema mahayana ortodoxo. El único estadio que se puede identificar por tener un verdadero paralelo con los bhumis es la octava imagen, el "círculo vacío", que se asemeja mucho a la octava etapa de los bhumis y simboliza la profunda vacuidad, la disolución de la dualidad, que es, en efecto, el fin del entrenamiento. Como estas prácticas y percepciones del zen nunca hacen referencia a las percepciones convencionales ortodoxas y aceptadas, muchas personas creen que estas tradiciones en realidad no son budistas. Se podría excusar esta conclusión, pero si recordamos que esos practicantes ciertamente están en el sendero del bodhisatva y, por lo tanto, se basan en la inexistencia del yo, ¿qué más podrían ser, si no budistas?

VESSANTARA: ¿Podríamos llevar ahora nuestra atención al caso de los occidentales que practican el Dharma? Hemos hablado de la importancia de incluir todos los aspectos de tu vida en la práctica, pero parece haber mucha gente que trata de hacer divisiones entre su vida espiritual y el resto de lo que vive. ¿Tienes alguna opinión acerca de ello?

DAVID: Es uno de los errores fundamentales que cometen muchas personas que abordan la práctica del Dharma. Creen que se puede lograr un verdadero cambio y acabar con el sufrimiento con tan sólo aprender a sentarse en su cojín y desarrollar las técnicas de la meditación. Supongo que no es difícil caer en esa conclusión después de leer ciertos libros sobre budismo, ya que buena parte de su contenido está dedicada a ese tema. Es una materia fácil y libre de complicaciones sobre la cual se puede escribir, porque es una actividad específica que se coloca aparte de nuestras actividades cotidianas más complejas. Vemos muchas rupas del Buda y fotos de rupas del Buda donde él está sentado meditando y si le preguntas a una persona común acerca del budismo, con frecuencia te dirá que se trata de gente que medita. Mas para las personas que quieren cambiarse a sí mismas en un nivel profundo y fundamental, la práctica del Dharma tiene que ver con mucho más que simplemente sentarse sobre el piso.

La verdadera práctica es la que sucede a lo largo del día y, ciertamente, durante el sueño, si es posible. Traté de explicar, en otra respuesta, que no hay una diferencia fundamental entre las diversas tareas que realizamos en un día, porque el propósito de desarrollar habilidades dhármicas es cultivar y retener una mente unidireccionada en todas las actividades. Si nuestra práctica ha de ser honesta, no deberíamos ver la meditación y la vida en general como dos cosas independientes, sino ir hacia el cultivo de la actitud de "permanecer en casa", que significa mantener una mente unidireccionada en todo momento. Esto, junto con el desarrollo de una fuerte práctica de percepción interior, hará posible, en definitiva, un cambio fundamental.

VESSANTARA: Siguiendo con eso, ¿ves algunos retos o peligros en particular para los occidentales en la práctica del Dharma? ¿Tienes alguna sensación de la manera en que el proceso de desarrollo de la visión interior será diferente para nosotros, o de los diferentes énfasis que necesitamos, dado que tenemos condiciones distintas?

DAVID: No estoy tan seguro sobre esa idea de énfasis diferentes. El Dharma es transparente, intemporal y fluido. Al ser transparente, no tenemos por qué imitar a los indios, por ejemplo, sólo porque originalmente nos llegó de la India. Los chinos no lo hicieron cuando el Dharma llegó a China. Se transporta sin esfuerzo por todo el mundo y se pone las ropas de las nuevas culturas en cada siglo. ¿Por qué? Porque el Dharma es la verdad y la verdad está viva y siempre presente. Además es fluida, de modo que puede fluir dentro de cada situación. Es total y completa y nada necesita. Es por estas razones que me parece raro cuando los occidentales creemos necesario incorporar alguna terapia adicional, o psicología o lo que sea, sólo porque, al parecer, pensamos que somos una especie de caso especial. ¡Sigo convencido de esto, aunque parecería que soy parte de una muy pequeña minoría que lo ve así!

Desde mi primer día en el zen se esperaba que estudiara la psicología junguiana, pero nunca me sentí cómodo con ello. Era como si un "forastero" estuviera tratando de meter la perfección por la fuerza y jamás me pareció que armonizara con la práctica. Para mí, eso tenía un mensaje inadecuado. Parecía indicar que en las enseñanzas del Buda faltaba algo y este hombre suizo podría llenar ese hueco. Pues no estuve de acuerdo y no lo estoy. La enseñanza del Buda es entera, completa y tiene todo lo que se necesita para apoyar y guiar incluso a los occidentales y si no podemos practicar de un modo correcto deberíamos buscar las razones en otra parte. En cuanto a lo de condiciones distintas, no entiendo. Creamos el mundo total y completamente con nuestras mentes y lo impregnamos de avaricia, odio e ilusión. ¿En que se diferencia del mundo que una mente india creaba hace miles de años? Olvídate de las imágenes mentales que se crean, olvídate de la cultura. Simplemente, cultiva una mente unidireccionada.

En cuanto a la primera parte de tu pregunta, te diría, a partir de mi experiencia y mi observación, que el gran reto que enfrentamos en Occidente es algo con lo que, probablemente, los orientales han tenido que ver muy rara vez y, por lo tanto, es muy nuevo para el budismo. Me refiero al desarrollo de la capacidad para permanecer con la práctica. ¡Esa habilidad de mantenernos y persistir en algo nos cuesta tanto trabajo en Occidente! Estamos acostumbrados a cambiar, a cada rato, las circunstancias de nuestras vidas, cada vez que no nos convienen; por ejemplo, el lugar donde vivimos o lo que hacemos. Cuando nos aburrimos o queremos algo diferente, sólo vamos y hacemos el cambio. Muchos de nosotros disponemos del dinero, la educación y la movilidad que nos permiten estar siempre modificando nuestros horizontes. A menudo estamos con ganas de un cambio y es muy común que llevemos esa actitud a la práctica budista.

¡Pero qué diferente ha sido esto en la historia del budismo! Los practicantes nacían y permanecían dentro de la tradición de su país y eran educados para respetar y aceptar la autoridad, sin cuestionamientos. No se entretenían pensando en cómo mejorar sus vidas sino que aceptaban lo que tenían y seguían adelante con ello. La vida era invariablemente difícil mas, a temprana edad, aprendía uno a continuar y aceptar. ¡Qué diferentes somos! Y, sin embargo, si en verdad hemos de cambiar, entonces, aprender a mantenernos en la práctica y soportar nuestras fuerzas kármicas es la prioridad número uno. ¡No obstante, eso nos resulta tan difícil, ya que durante toda la vida se nos ha animado a evitar esas experiencias tan desagradables!

No es raro ver cómo las personas van y vienen, cambiando de maestros y tradiciones, evitando la práctica cada vez que no están obteniendo lo que creen que deberían ganar por sus esfuerzos o, quizá, evadiéndose a sí mismos mediante su inquieto ir y venir. Esa voluntad de permanecer con algo es el aspecto más difícil que enfrentamos en la práctica, ya que va contra la corriente que nos ha llevado toda la vida. Recuerdo que pasé por esa prueba justo al comienzo de mi entrenamiento y, ahora, cuando miro hacia atrás, puedo ver que quizá ése fue el momento más importante de mi práctica.

Comencé a trabajar como jardinero en Regent's Park, en Londres, a principios de los años 70. Ya para el tercer día, el superintendente asistente me había dejado muy claro que yo no le simpatizaba ni me quería en ese trabajo y empezó a presionarme, con toda la intención de que me rindiera y abandonara ese empleo. Si no hubiera comenzado a practicar el zen justo entonces, lo más seguro es que habría renunciado. Mas, como tenía una maestra que me apoyaba y me animaba, persistí. Supongo que en ese instante no estaba tan consciente de lo importante que era permanecer en una situación, pero confiaba en mi maestra, así que continué en ese trabajo. ¡Mi jefe era un hombre corpulento y creo, en verdad, que su ferocidad habría puesto a temblar a la mayoría de los maestros zen! Sin embargo, a pesar de sus esfuerzos por agobiarme, toleré su ira y soporté todas las emociones que bullían dentro de mí, si bien resultaba profundamente desagradable. Esto duró 18 meses y, como te digo, si no hubiera sido por mi práctica habría corrido mucho tiempo antes. Sin embargo, un brillante día de verano, su actitud cambió por completo, sin ninguna explicación. Vino a donde me encontraba trabajando, sonrió y me llamó "David" por primera vez. ¡No me dijo "señor Smith"! Y a partir de ese día nos llevamos como viejos amigos.

Nunca le pregunté por qué ese cambio tan dramático, ¡probablemente porque temía que se volviera a revertir! Al poco tiempo vino la oportunidad de un ascenso y, con gusto, me dio el puesto. Tenía a mi cargo a varios jardineros, lo cual resultó ser otra experiencia de aprendizaje. Ahora, él confiaba en mí, al grado de dejarme planear, incluso, el trazo de millares de plantas que sembraríamos para el verano. ¡Con esto supe que por fin había llegado! Permanecí un tiempo más pero, al final, renuncié para convertirme en mi propio jefe. La jardinería ha sido mi ocupación, fuente de ingresos y campo de entrenamiento desde entonces. Ésta fue una faceta de mi vida en aquella época, pero hubo otra que fue mucho peor que los días difíciles en Regent's Park.

Dudo que estuviera, en verdad, conectado con mis experiencias en el parque pero, por esos mismos días, me encontré sumido en muy profundas depresiones. En realidad, las depresiones nada tienen que ver con lo que sucede en el momento. Son más bien como nubes negras que descienden y oscurecen toda tu vida, sin importar la situación. No puedo recordar haber tenido otra antes en toda mi vida y vaya que se trata de experiencias muy

terribles. Tuve varias de ellas durante los siguientes dos
años y medio y me acuerdo que eran muy extrañas porque cada una de ellas habría de durar, exactamente, cinco
meses. Cuando comenzaba una era justo como si des-
cendiera una nube negra y no importaba lo que estuviera haciendo, ahí estaba, siempre, constante, fija, pen-
diente sobre mí. Luego, inexplicablemente, se iba otra
vez y, en su lugar, venía un sentimiento de luz y bienes-
tar que también se mantenía constante y, asimismo, éste
duraba cinco meses. Durante esos tiempos oscuros, en
verdad, sentí deseos de abandonar la práctica, ya que a
ella le echaría la culpa de traer esos malos momentos pero, una vez más, me mantuve en ello.

También en esto tuve la fortuna de contar con una
maestra que me respaldaba y a veces me abrazaba y me
"tomaba de la mano" cuando todo se ponía tan negro
que yo no podía orientarme. Ella me animaba para pro-
seguir y me decía, constantemente, que todo cambia y
que lo mismo sucedería con esos tiempos oscuros, de
modo que aguanté. Me mantuve en ello, firme, en medio de todo lo que me llovió, hasta que, al fin, la que después demostró ser la última depresión se fue para no volver jamás. De hecho, nunca he tenido otra desde hace ya
más de veinte años ni espero que la volveré a tener.

Ahora, cuando vuelvo la vista hacia aquellos días, me
doy cuenta que algo muy grande cambió dentro de mí y,
para ser honesto, no recuerdo haber tenido más tiempos
difíciles antes de partir a Sri Lanka.

De modo que fue una época muy importante para mí
y no fue un tiempo de maravillosa percepción sino de

mantenerme firme dentro de la práctica, al grado que un gran trozo de mi karma se desprendió y el sendero se aclaró. Ése fue mi reto, mi vivencia de sostenerme con firmeza y persistir. Por favor, toma nota de mi experiencia. Nada es más fundamental o importante que el mensaje que éstas transmiten.

VESSANTARA: Para terminar, ¿podrías contarnos un poco sobre tu práctica en la actualidad, tanto sobre los cojines de meditación como fuera de ellos y también sobre tu futuro?

DAVID: Mi práctica ahora no es diferente a la que llevé el primer día que llegué al zen. Tengo una rutina diaria, como la mayoría de las personas y la tomo como mi marco de referencia para la práctica. Cuando aparecen las resistencias, como siempre lo harán, hago mi mejor esfuerzo para contenerlas y simplemente continúo con mis actividades. Una rutina fija y predecible es muy importante para la práctica, porque te da un marco que ya conoces y dentro del cual puedes identificar las cosas. Eso te muestra con claridad cuando estás evitando algo. Me esfuerzo por mantenerme dentro de ese marco. No siempre funciona bien pero, entonces, lo noto y me esfuerzo más en la siguiente vez que surge esa situación. Es una gran disciplina y requiere atención perpetua. Si fallas no lo conviertes en un problema, entablas amistad contigo mismo y decides hacerlo mejor la próxima ocasión. Nada más recuerda, es tu samsara y tu sufrimiento. Nadie más que tú tendrá la capacidad de cambiar eso. Medito todos los días y lo veo del mismo modo que mi práctica cotidiana. Sigo cultivando una mente unidireccionada.

Durante esta práctica, como la mente se encuentra en una situación controlada puedo recobrar fuerzas, reenfocar y volver a llenarme de energía para el día que me espera.

En cuanto a mi futuro, pues es algo a lo que no presto demasiada atención, por la sencilla razón de que sé, por experiencia, que nada parece ir jamás como lo planearon mis proyecciones lógicas. Sin embargo, es importante ser sensato. Por ejemplo, trato de ahorrar dinero para las necesidades futuras. "Vivir en el momento" no significa abdicar a tus responsabilidades hacia ti mismo y los demás. Admito que hay un deseo de que se dé un nuevo avance en mi comprensión y continuaré la practica con la esperanza de que suceda pero, si no es así, igual está bien. Otro deseo es seguir con buena salud tanto tiempo como sea posible. Si en verdad estoy proyectando hacia el futuro, entonces, supongo que debe ser con respecto a un trabajo de jardinería que llevaré a cabo en un par de semanas y sobre la mejor manera de detener una grave plaga de malas hierbas...

GLOSARIO

Anatta: Insustancialidad o no-yo. Una de las tres características de todos los fenómenos, como lo define el budismo. A pesar de lo que la sabiduría convencional nos pueda decir, nunca lograremos encontrar una esencia personal (o un "yo") en ninguna parte de nuestro ser, así como tampoco hallaremos ninguna naturaleza propia esencial en ninguna cosa en el mundo. Todo el universo de la experiencia fenoménica carece de una esencia natural propia.

Anfitrión en progreso: Término utilizado en el zen para designar a la Mente trascendental que madura lentamente después del despertar. Se tiene la noción de que, en cierto modo, tras el despertar, el conocimiento completo queda bien establecido, de manera permanente y ya no es necesario practicar. En realidad no es así. Hay un período de práctica que se define en etapas (*bhumis*) y que ocurre después de varios años de constancia. Durante la práctica, la mente trascendental entra en contacto con lo que queda de la mente ignorante cotidiana (*avidya*, en sánscrito), la cual vuelve a cobrar vida después del despertar y, entonces, la mente ignorante pasa por una lenta transformación. Este proceso continúa hasta que la ignorancia se transforma y se elimina por completo y surge, ahora sí, el despertar total.

Aniccha: Impermanencia. Una de las tres características de todos los fenómenos, como lo define el budismo. Independientemente de cuáles sean nuestras experiencias en la vida o de cómo nos gustaría que fueran esas experiencias, todos los fenómenos, sin excepción, se encuentran en un permanente estado de flujo y, por lo tanto, en verdad, nunca podrán convertirse en una de nuestras posesiones. Es el deseo de posesión lo que nos trae la insatisfacción que todos experimentamos.

Aranya: Lugar donde tradicionalmente habitan los monjes y que, por lo regular, se halla en un bosque. A menudo, estos lugares ocupan un área grande y se componen de varias cabañas pequeñas (*kutis*), dentro de las cuales un monje vive solo y sin relacionarse con los demás durante un largo período. Asimismo, pueden tener áreas comunes, como salones de meditación y recintos con altares. Otro sitio tradicional, más convencional, donde habitan los monjes es el monasterio.

Bhumi: Se traduce como "etapa" y designa el proceso del despertar después de la primera incursión en dicho despertar. No obstante haber experimentado el despertar, siempre queda un "residuo" de ignorancia (en sánscrito, *avidya*) que no se ha transformado dentro de esa mente despierta. En primera instancia, ese residuo permite que siga habiendo la ilusión de un yo y una persona. A partir del despertar inicial se pone en marcha un proceso que puede tomar años o, incluso, vidas y es a través de éste como la Mente despierta va transformando a la mente ignorante en sabiduría trascendental, hasta que por fin se extingue esa ignorancia. Este proceso se puede definir en etapas o capas y mucho se ha asentado sobre ello en las escrituras.

Bodhi mandala: Término tradicional que tiene diversos significados. Aquí se utiliza para designar el lugar donde se desenvuelve el practicante cuando ocurre el despertar.

Bodhisatva: Un ser sabio. En las escuelas mahayana simboliza por igual la sabiduría y la compasión hacia toda forma de vida. A diferencia de la sabiduría incompleta de las escuelas hinayana, donde el arahant logra la iluminación sólo para sí mismo, la iluminación que alcanzan estos sabios es para todos los seres y aun va más allá, para incluir toda forma de vida. El sabio cultiva su sabiduría al abrazar a todos los seres y toda la vida y crear compasión hacia todo. Es tan grande su compasión que hace votos de no dar por terminada su labor hasta haber liberado no sólo a todos los seres vivos sino también a cualquier otra forma de vida, incluyendo a las briznas de pasto. Esta promesa tan tremenda se hace posible de cumplir debido a que él entiende que toda forma de vida es producto de su propia mente, de tal modo que al abrazar la vida entera en verdad se libera a sí mismo.

Buda: Hay dos definiciones. Una se refiere al Buda histórico, quien vivió en la India hace unos 2,500 años y que abandonó la vida de lujos que llevaba como príncipe para pasar siete años vagando por el norte de la India, aprendiendo con los mejores maestros de su época para alcanzar la liberación del sufrimiento. Si bien, esa guía le sirvió de mucho, aún no estaba satisfecho y, finalmente, por sí mismo, descubrió el sendero que conduce a la liberación, lo cual lo distingue entre los demás hombres. El Buda es, asimismo, entre las escuelas mahayana, el símbolo de lo absoluto, que debemos encontrar en nuestro interior. Este absoluto no es algo que debamos encontrar "ahí afuera" sino dentro de nuestro propio corazón, que contiene la sabiduría, la compasión y el amor hacia todo lo que vive.

Budeidad: La culminación de la práctica. Es la iluminación completa y total y el final del sendero. Desde que entra en el despertar, el bodhisatva ha seguido su práctica con diligencia, pasando por las diferentes etapas (*bhumis*) del sendero del bodhisatva. Aunque cada etapa indica una transformación progresiva de la ignorancia (en sánscrito, *avidya*), aún hay residuos. Es sólo cuando se completa la última etapa cuando se logra el conocimiento final y se consigue la budeidad.

Camino: Lo mismo que sendero. También se refiere (especialmente en el budismo zen del Lejano Oriente) al verdadero estado de la existencia o a la manera en que las cosas son en realidad.

Camino medio: Es uno de los conceptos más profundos en el budismo y es el que el Buda utilizó para resumir sus enseñanzas. Por su naturaleza, nuestras mentes existen en un estado de opuestos: correcto-incorrecto, bueno-malo, me gusta-no me gusta, claro-oscuro, etcétera. El camino medio consiste en entrenar a la mente para que suelte sus apegos a estos puntos de vista extremos a través de una práctica dedicada, de tal manera que deje de ser llevada para un lado y para otro, víctima de tales apegos. Cuando uno haya perfeccionado la práctica del camino medio, el fruto inevitable y natural será el despertar.

Círculo vacío: Término del zen que designa el hecho de atravesar este círculo vacío, junto con la disolución del *yo* y del mundo dualista que la persona es responsable de haber creado, para pasar a lo absoluto de la realidad, lo cual pone fin al ciclo del eterno renacer.

Concentración de acceso: Área de concentración en la meditación profunda que es como una "encrucijada", donde el meditador decide si tomará la ruta que va por el camino de la *jhana* (absorción), la cual puede crear una mente de concentración profunda, con posibilidades de volverse receptiva a la visión clara o seguir el camino de la sabiduría, donde el meditador cultiva prácticas de percatación que lo pueden conducir al surgimiento de la visión cabal. El camino a seguir lo determinará la práctica que se esté desarrollando en ese momento. Estos dos caminos se cultivan a través de las dos prácticas básicas de meditación en el budismo: visión clara (*vipassana*) y concentración (*samatha*).

Conocimiento búdico: Estado de la sabiduría completa. La sabiduría viene en grados variables de comprensión. En su nivel más superficial está la visión de que no hay una esencia inherente en la mente de la persona, con lo cual se revela la realidad de la vacuidad (*shunyata*). La certidumbre de que tenemos una esencia inherente es una experiencia común en todos los humanos y esta convicción de que hay un yo es la causa básica del sufrimiento. Descubrir que esto es una ilusión significa romper con la causa del sufrimiento. Al cortar con ese engaño se destruye el mundo de etiquetas que la mente crea y al cual se aferra el ego. Queda entonces un mundo exterior de objetos dualistas, neutrales y vacíos. El siguiente nivel de comprensión es cuando la mente ve que las etiquetas que empleamos para mantenernos en el mundo no sólo son su creación, sino que el mundo mismo es también una creación de la mente. Cuando se establece este conocimiento se derrumba el mundo dualista. Ya no hay "yo y lo demás", lo que se percibe es la vacuidad de los objetos. El último grado de comprensión es cuando esos objetos de dualidad se han vuelto uno solo y se interpenetran. Se ve que cualquier objeto que haya en la vacuidad contiene a todos los demás objetos. A la vez, se percibe que todos esos objetos en la vacuidad contienen a cada objeto individual. No obstante, todos los objetos conservan su singularidad. Esto es, en verdad, misterioso y queda más allá de la imaginación.

Conocimientos del sendero: "Purificación mediante el conocimiento y la visión del camino". Es un sistema de conocimientos que se describen en el *Visuddhimagga*, un libro importante utilizado, ante todo, en la tradición *theravada* para clarificar, primero que nada, el proceso de la visión cabal. Después del despertar ya no es necesario crear este proceso, ya que la revelación de los conocimientos es un desarrollo natural en el sendero. Se entra en ellos durante el segundo *bhumi*.

Cuatro nobles verdades: Es la base de la enseñanza del Buda, que abraza toda la existencia tal como la conocemos. La primera verdad es que existe el sufrimiento. Podría pensarse que eso es afirmar lo obvio, pero esta verdad abarca todas las experiencias, porque todas son insatisfactorias. La segunda verdad es que el deseo es la causa del sufrimiento. Como el budismo no acepta la existencia de un yo, se establece entonces que la causa es el deseo, pero está claro que nuestra experiencia del deseo viene de la sensación de que somos un yo, el cual tiene perpetuos deseos. La tercera verdad es la afirmación más tremenda e inspiradora que proclama el budismo al decir que hay un modo de escapar del sufrimiento. Uno deja de ser la eterna víctima de la vida y asimila su potencial para cambiar por siempre el estado de su propio ser. Para ahondar sobre lo que es la cuarta noble verdad vea el sendero óctuple.

Dasabhumika Sutra: Se traduce como "Sutra de diez etapas". Posiblemente sea la parte más antigua de la mayor gran escritura mahayana, el sutra *Avatamsaka*, de la cual constituye el Libro 26. Se puede encontrar completo en el libro *Flower Ornament Scripture*, de Thomas Cleary, que es una traducción del sutra *Avatamsaka*. Las diez etapas son un modo de describir el despliegue de la comprensión trascendental en el camino hacia el pleno y completo despertar. El despliegue de la visión trascendental comienza con el primer atisbo en la naturaleza búdica y se dice que es la primera etapa. El despliegue de la visión cabal, a través de una práctica continua y dedicada, significa la comprensión gradual de la realidad del *yo* y del mundo dualista y de la realidad que se halla más allá de esta ignorancia cegadora (*avidya*), causada por el *yo*.

Despertar: También se le llama iluminación. Es a lo que, en esencia, ha de conducir una práctica verdadera, aun cuando el compromiso tome años o vidas y es el objetivo básico de todo budista. Cuando surge el despertar, se corta con el infinito ciclo que nos lleva a renacer en algún mundo de sufrimiento. A partir de ese momento, uno puede continuar con su práctica para lograr que el último nacimiento que tuvo sea precisamente el último y si no es así, ya no quedarán más que unos cuantos renacimientos todavía antes de que se extinga la ignorancia (que es la que origina el renacimiento), de modo que no haya más nacimientos.

Dharma (en pali, Dhamma): Significa la "verdad". Con frecuencia, se emplea esta palabra para referirse a las enseñanzas del Buda contenidas en los libros del *Tipitika* (tres canastas), que son tres cestas donde se guardan sus enseñanzas (*Suttapitika*), las reglas que deben seguir los monjes (*Vinaya-pitika*) y el análisis sistemático de las enseñanzas (conocido como *Abhidhamma-pitika*). También se emplea el término para designar el verdadero estado de la existencia o, bien, aquello que está más allá de la ignorancia (*avidya*). Cuando se escribe con "d" minúscula (dharma) designa los objetos mentales o las cosas en general.

Dharmakaya: Cuerpo de la realidad. Conforma uno de los tres cuerpos doctrinales (*trikaya*) de realidad de un Buda. Los otros dos son el "cuerpo de dicha" y el "cuerpo de la forma". Este concepto es particular del mahayana y apunta hacia la realidad de un Buda, que es la personificación de la esencia de la verdad budista y de la realidad esencial.

Dukkha: Sufrimiento o insatisfacción. Es un principio budista fundamental, puesto que todo lo que somos y lo que vivimos tiene esa misma característica, no importa si lo experimentamos de un modo evidente o no. Si se trata, por ejemplo, de una experiencia agradable, por lo regular viene acompañada de la idea de que en algún momento esa felicidad se nos irá de las manos y terminará, porque sabemos que todo ha de cambiar. Es esta verdad la que lleva a muchos a buscar una salida de esta realidad existencial de la condición humana a través del budismo.

Ermita de la Isla: Lugar donde transcurrió la mayor parte de mi entrenamiento en Sri Lanka. Es una de entre un grupo de tres pequeñas islas en una laguna de agua fresca, en el sur del país y durante décadas fue utilizada exclusivamente por monjes occidentales.

Gandharvas: Seres que pasan el tiempo tocando música y que, se dice, habitan en uno de los reinos del samsara.

Gran vacuidad: vea *Profunda vacuidad*

Grandes muertes: Es un concepto creado por el gran maestro zen Hakuin para describir lo que sucede cuando se anda por el sendero que va al completo despertar. Es en estos momentos cuando el mundo dualista se colapsa. Junto con ese colapso, mueren el sentido del *yo* y el mundo dual, donde se da el ciclo del nacimiento y la muerte.

Hara: Centro espiritual de una persona. Se encuentra por debajo del ombligo. Es aquí donde se crean y se reúnen las emociones y funciona como el "cuarto de máquinas" de las mismas. Proporciona la fuerza y la energía que requieren el *yo* y el mundo dualista que éste crea, mejor conocido como *samsara*. Es posible llevar nuestra atención a esta zona al practicar, para lograr que en algún momento nos proporcione, asimismo, el entorno para el cambio. Es en esta zona donde uno puede descubrir tanto el *samsara* como el *nirvana*.

Iluminación: Muy comúnmente se le llama también despertar pero, para el propósito de este libro, he intentado hacer una distinción entre lo que muchos considerarían dos niveles diferentes de acceso a la realidad. Despertar es alcanzar la plenitud de la realidad, mientras que la iluminación es llegar a una visión parcial de la realidad, en la que aún existe la dualidad y que, con frecuencia, se describe como *hinayana*.

Interpenetración: Cuando se observa una forma en su realidad no se ve como una entidad separada, como normalmente la imaginamos, sino que se ve que contiene todas las demás formas y cuando las formas se ven de un modo colectivo se observa que todas ellas contienen una a la otra. Esto destruye cualquier noción de una naturaleza propia y, sin embargo, cada forma, de un modo misterioso, aún posee su propia identidad singular.

Jhana: Estado mental que suele describirse con gran detalle en cuatro (o nueve) niveles de absorción en la meditación. Este proceso de absorción se cultiva al desarrollar varios de los distintos tipos de técnicas de meditación. Tradicionalmente, se dice que la *jhana* favorece la visión cabal, porque al salir de ella, la mente está tan refinada que esto contribuye al surgimiento de la percatación. La *jhana*, en sí misma, no es visión clara. En realidad, se le considera como un medio hábil para propiciar la percepción. También se le puede usar por el puro placer del arrobamiento que trae al meditador o, bien, como un medio para desarrollar mérito (*punya*), el cual ha de contar para un renacimiento favorable.

Kammathana: "Lugar de trabajo". Se le considera un medio hábil para ayudar al meditador en su práctica. Consiste en un tema o una técnica de meditación o, simplemente, un objeto en el que uno se enfoca durante el día para desarrollar atención consciente. Estos objetos contribuyen a crear la identidad de muchas escuelas budistas e, incluso, del mismo budismo. Para muchas personas, el no tener algo en qué enfocarse para sustentar su práctica coloca la meditación más allá de sus capacidades.

Karma: vea Sankharas kármicos.

Kilesas: Hay diez "impurezas" que debemos superar a través del entrenamiento: la avidez, el odio, la ignorancia, la arrogancia, las opiniones especulativas, la duda escéptica, el embotamiento de la mente, la inquietud, la falta de vergüenza y la falta de temor moral. Estas características, que constituyen la personalidad de la mayoría de nosotros, se convierten en el foco de la práctica y del proceso de transformación. Hay muchos tipos de prácticas específicas que pueden combatir a cada una de esas impurezas y también hay otras que las atacan a todas juntas y las trabajan como si fueran una sola.

Koan: Sistema de interrogantes para la meditación creado por el gran maestro chino de ch'an, Lin-chi y que consiste en una pregunta que el maestro le pide al discípulo que resuelva, si bien, la cuestión no tiene una respuesta lógica. El alumno delibera continuamente, tanto durante su meditación como en su vida cotidiana hasta que su mente normal termina por rendirse y deja de buscar la respuesta. En ese momento, cuando la mente cotidiana se ausenta, la "respuesta" llega de algún lugar más allá de ese condicionamiento mundano y, entonces, el practicante penetra en una comprensión más profunda.

Kuti: Palabra en pali que significa "cabaña". En la tradición *theravada*, en un kuti habitan varios monjes que están cultivando su práctica con seriedad. Eso les permite vivir solos y alejados de las distracciones que pueden obstaculizar la meditación. El tipo comunal de práctica monástica que caracteriza a las escuelas tibetanas y a las zen no se halla, en realidad, en la tradición *theravada*.

Madhyamaka: Se traduce como "camino medio" y es una de las dos grandes escuelas del *mahayana* indio; la otra es el *yogachara*. El *madhyamaka* representa la expresión filosóficamente definitiva de la doctrina budista. Se deriva de las escrituras de *Nagarjuna*, en el siglo II y se desarrolló en forma de comentarios sobre su obra.

Mahayana: "Gran vehículo". Muchas escuelas del budismo se derivaron bajo este título general, que también se conoce, a veces, como budismo del norte y que, lamentablemente, en su mayoría se ha extinguido. El término se usa, asimismo, para designar una práctica que desarrolla la sabiduría en todos los aspectos de la vida y no una parcial a la que tan sólo le concierne liberarse del *yo*.

Mara: El mal. Simboliza las fuerzas nocivas, negativas, que hay en todos nosotros y que pueden asumir el aspecto de un demonio que explota la relación que tenemos con nosotros mismos y con los demás. Siempre está buscando causar problemas y crear negatividad. Otras religiones nos conducen a creer que el diablo es alguien "exterior", pero los budistas creen que el diablo es una expresión de nuestras fuerzas negativas internas y que esas fuerzas se pueden transformar mediante una práctica hábil.

Maya: Término hindú que se refiere a la naturaleza del mundo que podemos ver. En sánscrito, la palabra significa "ilusión", sin embargo, esto no implica que sea simplemente imaginario. Por el contrario, como se trata de lo que podemos ver, debemos aceptarlo y vivir dentro de ello mientras vamos nutriendo nuestra comprensión de lo que es su verdadera naturaleza.

Mundano: En este contexto, significa la mente cotidiana ordinaria que experimenta un ser humano normal. Por lo regular, se contrasta con la mente que ha despertado y que se denomina supramundana. Ambas mentes conviven y se vuelven el terreno de práctica del bodhisatva.

Naturaleza búdica: Estado verdadero del ser, que es eterno e intemporal. Se trata de un principio fundamental en el budismo mahayana, que apuntala la mayoría de sus enseñanzas. Es una enseñanza que apunta a nuestra naturaleza verdadera, que está más allá de la mente cotidiana e ilusa que la mayoría de nosotros reconocemos y asumimos como real. Esta enseñanza apunta hacia una de las grandes paradojas de la sabiduría budista. Ese mundo en el que nuestros sentidos se hacen conscientes y con el cual todos estamos familiarizados no podría existir sin la naturaleza búdica, sin embargo, no es ésta la que lo crea y aunque el mundo nunca la toca nunca están separadas. La naturaleza búdica es inasible e insondable y, a diferencia de nuestra mente normal, está más allá del tiempo y el espacio. Cuando morimos, la naturaleza búdica no muere, porque jamás nació. La naturaleza búdica está ahí, por siempre, permanente, dichosa y es el verdadero ser.

Nirvana: Es el despertar a la realidad. Se emplea este concepto para identificar el estado del ser que se experimenta cuando uno penetra en la naturaleza búdica. Por lo regular se le contrasta con el *samsara*, que se considera lo opuesto, aunque la verdad es que, de hecho, no son algo distinto el uno del otro, jamás. Lo cierto es que, debido a la naturaleza de la vacuidad (*sunyata*), ambos son lo mismo.

Paticcasamuppada: Los doce eslabones de la causalidad. Es un concepto importante porque despliega en etapas progresivas (eslabones) lo que van creando la mente ilusoria, el cuerpo y el mundo dualista. De esa creación se deriva el apego, el cual crea el impulso para producir una vez más otro ciclo de etapas. Éstas se representan como una rueda que gira, literalmente, momento a momento. Debido a la velocidad del impulso uno nunca logra darse cuenta de ella, puesto que uno mismo es esa rueda. Este concepto se puede expandir para relacionarlo con la rueda de la vida que gira eternamente en los embragues de *dukkha*, a través del nacimiento y la muerte. Se observa por completo en su forma metafísica en el sexto *bhumi*.

Profunda vacuidad: Es el aspecto más profundo de shunyata, que expresa la interpenetración de la forma. Vea Vacuidad.

Punya: Mérito. En el budismo se alienta a las personas para que cultiven buenas acciones u obras. La ley del karma es la ley natural universal de causa y efecto, de tal modo que cualquier cosa que uno haga tiene sus consecuencias. Si uno hace algo bien habrá buen karma, si hace algo mal, habrá mal karma. El mérito es buen karma que se acumula en lo más profundo del ser, de modo que cuando surjan las condiciones adecuadas, ese mérito producirá buenas consecuencias y, asimismo, si lo que se almacena es karma malo se obtendrá el fruto correspondiente. En Oriente, se aconseja a los budistas que acumulen mérito ayudando a los monjes, dándoles alimentos, vestido y techo. Así ha sido la tradición desde que apareció el budismo. Muchas personas procuran crear mérito porque creen que, cuando hayan almacenado suficiente, eso les ayudará a propiciar un renacimiento favorable en la próxima vida.

Retiro de la temporada de lluvias: Tradicionalmente, el tiempo durante el cual los monjes suspenden sus caminatas y permanecen en un sitio. Por tradición, el retiro dura tres meses. Esta costumbre comenzó cuando el Buda notó que, durante la temporada de lluvias en la India, sus monjes iban de un lado a otro, a través de los campos, en busca de comida y refugio. Vio que, en su andar, los monjes dañaban los cultivos y a las semillas recién sembradas, de manera que decidió pronunciar una regla que obligara a todos los monjes a vivir en un mismo lugar durante la temporada de lluvias.

Retorno al origen o a la fuente: Expresión del zen que designa el despertar. Ese origen o fuente es la naturaleza búdica y es ahí donde se revela la realidad y se corta con la raíz de la ignorancia. Al romper esa raíz se pone fin al ciclo de renacimientos en el mundo samsárico del eterno renacimiento.

Rueda de la vida: (también *rueda de la causalidad)* Vea *Paticcasamuppada*.

Rupa: Forma u objeto. Se utiliza esta palabra, comúnmente, para designar una estatua de un buda o un bodhisatva.

Sakadagami: Es la segunda etapa de la iluminación que, por lo regular, se dice que ocurre en el sendero del arahant. Vea *Sendero del arahant*.

Samsara: El infinito ciclo del nacimiento y la muerte que experimentamos todos los seres sensibles. En el budismo hay toda una cosmología de reinos de existencia en los que uno puede renacer, desde los cielos más altos hasta los infiernos más bajos. Este ciclo es un producto de nuestra propia interpretación errónea *(avidya)* de la realidad y del karma que producimos, de modo que el ciclo de la vida y la muerte es, en su totalidad, una fabricación de la mente y dura por siempre, a menos que rompamos con él mediante el despertar.

Sankhara upekkha: Ecuanimidad con respecto a las formaciones. Es el profundo estado del ser en el que la mente, por fin, renuncia a perseguir el mundo que ella misma produce y deja de apegarse a él. Ese mundo se puede entender como algo que se sustenta a sí mismo por medio de una serie infinita de opuestos creados por la experiencia básica de la dualidad. Cuando ya la mente deja de perseguir ese mundo, se queda "a mitad" de esos opuestos y es este estado mental, el camino medio, el último estado del ser que permite que ocurra el despertar.

Sankharas kármicos: Son objetos mentales (pensamientos) que fluyen todo el tiempo y que nos llevan a crear karma, porque nos identificamos con esos pensamientos y los consideramos como "yo y mío". En realidad, ni son yo ni son de mi propiedad. Se trata de fenómenos neutrales que simplemente surgen y desaparecen cuando se les deja en paz. Si no nos aferramos a los pensamientos ni a la identidad del *yo* nos liberamos y, pronto, trascendemos el ciclo del nacimiento y la muerte.

Sendero: Con frecuencia se usa este término para designar el desarrollo progresivo hacia el despertar. Es por este sendero donde han de perseverar todos los budistas. El practicante que por algún error se sale del sendero retorna a la espesura de la confusión, desde donde antes inició su camino.

Sendero del arahant: El sendero de la iluminación, según lo define el Canon Pali. En la actualidad, este término lo utiliza, principalmente, la tradición *theravada*. Se divide en tres etapas claramente definidas, que culminan con el estado de *arahant*. La primera etapa se llama *sotapanna* y, en ésta, caen algunas de las cadenas que nos atan a la existencia y ya no quedan más de siete nuevos nacimientos antes de lograr la extinción final. La segunda etapa se denomina *sakadagami* y, en ésta, cae la mayoría de las cadenas que nos atan a la existencia y ya no quedan más de tres nuevos nacimientos antes de conseguir la extinción final. La tercera etapa es *anagami*, en la cual el eslabón que aún nos une con la existencia termina por caer, de tal manera que, después de la muerte física, ya no habrá más renacimientos.

Sendero óctuple: Es la cuarta parte de las "cuatro nobles verdades". Todos los budistas practican el cultivo de esta cuarta verdad. También se le llama el "sendero" que conduce al despertar o a la iluminación y es la esencia de la enseñanza del Buda. Por lo general se describe con tres aspectos: ética, concentración y sabiduría. La ética o el comportamiento es el marco que sirve de base a todas las vías espirituales y religiosas. La concentración consiste en permitir que la mente cotidiana se estabilice, principalmente por medio de la meditación, lo cual, a su vez, hace posible que surja la sabiduría con respecto a la realidad de "cómo son las cosas".

Sesshin: Significa "recoger el corazón". Lo más probable, en Occidente, es que lo llamemos "retiro de meditación", pero un *sesshin* apunta a algo más que trabajar con la mente. Implica que reunimos todo lo que somos para traerlo a la meditación.

Skandhas: Los cinco densos agregados que componen la forma humana. Al budismo le gusta descomponer en varias partes la mente y el cuerpo porque, por lo regular, consideramos que somos una sola entidad a la que, entonces, nos da por llamar "yo y mío". El budismo prefiere exponer que, en realidad, estamos compuestos de cinco partes: forma física, sensaciones, percepción, formaciones del pensamiento y conciencia. Vernos de ese modo nos ayuda a romper con la ilusión de que somos este ser sólido, singular y, con ello, disipamos el correspondiente sentido y convicción del *yo*.

Sotapanna: Primera etapa de la iluminación en el sendero del arahant. Vea *Sendero del arahant*.

Supramundano: Conocimiento trascendental de la realidad y de cómo son las cosas, tal como las experimenta un ser despierto, a diferencia del conocimiento mundano, que es la experiencia de la mente mundana ordinaria del hombre.

Theravada: "Sabiduría de los ancianos". Es la última tradición que persistió de la escuela llamada *hinayana* (vehículo pequeño) o escuela del sur. Se dice que esta tradición viene directamente de los tiempos del Buda y es, con mucho, la más antigua de las escuelas de budismo que aún prevalecen.

Ti-lakkhana: Las tres señales o marcas de la existencia: *aniccha* (impermanencia), *dukkha* (insatisfacción o sufrimiento) y *anatta* (insustancialidad o no *yo*). Es una de las enseñanzas más importantes en el budismo, ya que apunta hacia la realidad de nuestra existencia. Cuando uno cultiva y comprende estas verdades consigue soltar sus apegos neuróticos hacia la gente, las cosas y su propio sentido de sí mismo, lo que tanto problema nos causa en nuestras vidas.

Tres marcas del ser: vea *Ti-lakkhana*.

Vacuidad: (*shunyata* en sánscrito) Es un concepto que tiene profundas implicaciones para la manera como imaginamos que en verdad es la realidad. La vacuidad tiene varios niveles de refinamiento. Está el nivel en el que se ve que no existe un yo, lo que a su vez elimina el proceso mediante el cual etiquetamos la experiencia en la que todos participamos, nombrándola, por ejemplo, "hombre", "mujer", "gato", "perro", "árbol", "me gusta", "no me gusta", "bueno", "malo", etc., porque ahora ya todo se contempla como una creación mental y no como algo fijo que está más allá de "mí", como acostumbramos imaginar. Queda, entonces, la experiencia de que sólo hay objetos y un mundo dualista objetivo. Más adelante viene otro nivel, que revela que también el mundo de los objetos es una creación mental y que los objetos están vacíos de sí mismos. Con esa comprensión el mundo dualista se disuelve en la unidad. Ya no hay "yo y lo demás". En el último nivel de la vacuidad uno descubre que todas las cosas se interpenetran. Uno ve que no solamente todos los objetos contienen a los demás objetos, sino también que todos ellos contienen a uno sólo.

Viññana: Conciencia. Vea *Skandhas*.

Vipassana: Término empleado para describir las prácticas ortodoxas de la meditación que llevan a la visión cabal. Hay dos tipos fundamentales de meditación que todas las escuelas budistas utilizan. Está la meditación de visión clara, la cual puede asumir diversas maneras, dependiendo del tipo de percepción que se busca lograr y están, también, las prácticas de *samatha* (calmar la mente). Estas prácticas se pueden llevar a cabo sólo para desarrollar tranquilidad pero también, invariablemente, precederán a las prácticas de visión clara o cabal, porque tranquilizar a la mente es esencial y es lo primero que se tiene que hacer para efectuar la práctica que conduce a la visión cabal. Una vez más, cabe señalar que estas prácticas pueden asumir diferentes formas, dependiendo de la razón por la cual se usan.

Yogachara: Se traduce como "sólo mente". Se suele mencionar junto con la otra gran escuela, la *madhyamaka*, ambas como pilares de las grandes escuelas ortodoxas del budismo *mahayana* indio.

Yogachara: Se traduce como "sólo mente". Se suele mencionar junto con la otra gran escuela, la *madhyamaka*, ambas como pilares de las grandes escuelas ortodoxas del budismo *mahayana* indio.

Zen: Tradición que evolucionó en Japón, aunque originalmente provenía de China, donde se le conoció como ch'an. El zen se desarrolló, principalmente, en dos escuelas: soto y rinzai. La primera se ha reconocido como la escuela de "sólo sentarse", mientras que la segunda se caracteriza por el método de práctica que se apoya en un *koan*.

ÍNDICE ANALÍTICO